大学生危机事件的管理理论及处置方式研究

崔洪滔 著

应急管理出版社

·北 京·

图书在版编目（CIP）数据

大学生危机事件的管理理论及处置方式研究/崔洪滔著.
——北京：应急管理出版社，2023
ISBN 978-7-5020-9940-4

Ⅰ.①大… Ⅱ.①崔… Ⅲ.①大学生—突发事件—安全教育—研究 Ⅳ.①G645.5

中国国家版本馆 CIP 数据核字（2023）第 086725 号

大学生危机事件的管理理论及处置方式研究

著　　者	崔洪滔
责任编辑	成联君
编　　辑	康嘉焱
责任校对	孔青青
封面设计	贝壳学术
出版发行	应急管理出版社（北京市朝阳区芍药居 35 号　100029）
电　　话	010-84657898（总编室）　010-84657880（读者服务部）
网　　址	www.cciph.com.cn
印　　刷	凯德印刷（天津）有限公司
经　　销	全国新华书店
开　　本	710mm×1000mm 1/16　印张 12 1/2　字数 177 千字
版　　次	2023 年 8 月第 1 版　2023 年 8 月第 1 次印刷
社内编号	20230385　　　　　　　　定　价　58.00 元

版权所有　违者必究

本书如有缺页、倒页、脱页等质量问题，本社负责调换，电话：010-84657880

前　言

　　保持社会的稳定，是我国社会主义现代化建设的一条极其重要的经验。但不可忽视的是，我国在经济高速发展的同时，也进入了一个危机高发期，高校也不例外。

　　当前，一些典型的大学生危机事件在引起社会广泛关注的同时，也引发了广大学生管理工作者对大学生危机管理的反思和讨论。虽然，很多高校在这方面已经有了较为成熟的经验和模式，但还需要进一步构建完善的学校危机管理体系，提高危机管理的效率。

　　基于此，本书对大学生危机事件的管理及处置方式进行阐述，主要包括心理危机事件、健康危机事件、学业危机事件、社交危机事件、恋爱危机事件、财产危机事件、意外事故危机事件，希望通过理论分析和处置方式研究，能够为大学生危机事件的管理提供一些有效的参考。

　　本书的编写出版，得到了山东青年政治学院的大力支持，在此表示谢意！本书在撰写过程中参考了相关资料和文献，在此对相关作者表示感谢！

　　由于时间、精力和理论水平有限，书中难免存在不妥之处，在此恳请广大读者提出宝贵意见并批评指正。

著　者

2023 年 5 月

目 录

第一章　大学生危机事件概述 ·· 1
　第一节　大学生危机事件的界定 ·· 1
　第二节　大学生危机事件的成因 ·· 7
　第三节　大学生危机事件的分类 ··· 10
　第四节　大学生危机事件管理的内涵、过程与机制 ······················· 14

第二章　大学生危机事件管理理念 ·· 24
　第一节　大学生危机事件管理的理念哲学 ································· 24
　第二节　大学生危机事件管理的理念结构 ································· 29
　第三节　大学生危机事件管理的理念实现 ································· 37

第三章　大学生心理危机事件的处置 ······································· 48
　第一节　大学生焦虑症危机事件的处置 ···································· 48
　第二节　大学生抑郁症危机事件的处置 ···································· 50
　第三节　大学生精神病危机事件的处置 ···································· 53
　第四节　大学生性心理障碍危机事件的处置 ······························· 56

第四章　大学生健康危机事件的处置 ······································· 64
　第一节　大学生传染病危机事件的处置 ···································· 64
　第二节　大学生过度疲劳危机事件的处置 ································· 71
　第三节　大学生性病危机事件的处置 ······································· 76

第五章　大学生学业危机事件的处置 ······································· 81
　第一节　学分退学危机事件的处置 ·· 81
　第二节　旷课退学危机事件的处置 ·· 84
　第三节　违纪违法开除危机事件的处置 ···································· 87
　第四节　学习压力危机事件的处置 ·· 97

第六章　大学生社交危机事件的处置 ……………………… 101
第一节　校外兼职危机事件的处置 …………………… 101
第二节　赌博危机事件的处置 ………………………… 105
第三节　室友矛盾危机事件的处置 …………………… 109
第四节　酗酒危机事件的处置 ………………………… 112
第五节　误入传销危机事件的处置 …………………… 116

第七章　大学生恋爱危机事件的处置 ……………………… 123
第一节　恋爱终止危机事件的处置 …………………… 123
第二节　恋爱转移危机事件的处置 …………………… 126
第三节　单相思危机事件的处置 ……………………… 129
第四节　性侵害危机事件的处置 ……………………… 131

第八章　大学生财产危机事件的处置 ……………………… 136
第一节　校园贷危机事件的处置 ……………………… 136
第二节　财产诈骗危机事件的处置 …………………… 144
第三节　敲诈勒索危机事件的处置 …………………… 149
第四节　校园盗窃危机事件的处置 …………………… 152

第九章　大学生意外事故危机事件的处置 ………………… 159
第一节　交通事故危机事件的处置 …………………… 159
第二节　自杀危机事件的处置 ………………………… 164
第三节　食物中毒危机事件的处置 …………………… 169
第四节　校园火灾危机事件的处置 …………………… 172
第五节　地震危机事件的处置 ………………………… 178

第十章　大学生危机事件处置的协调 ……………………… 183
第一节　与家长的联系 ………………………………… 183
第二节　与学生的谈话 ………………………………… 185
第三节　与公安部门的联系 …………………………… 188
第四节　与医院的联系 ………………………………… 189
第五节　对新媒体的关注和引导 ……………………… 190

参考文献 …………………………………………………… 191

第一章 大学生危机事件概述

第一节 大学生危机事件的界定

一、危机及危机事件的概念

"危机"一词来源于古希腊文"Crismein",意为"决定",是指医学上的"转折点",即病情转好或恶化的关键时刻。后来,"危机"的词义逐渐丰富并用于军事、管理等多个领域[1]。在中国传统哲学中对"危机"一词有两种解释:一是积极的解释。庄子认为,"安危相易,祸福相生"(《庄子·则阳》),"危"就是指危险、危机;司马迁在《史记·苏秦列传》中有"战胜存亡之机决矣"之句,一般认为这是对"机"字的注解,即指"时会、形势、机会"等。因此,将"危"与"机"联系在一起,反映了矛盾的对立统一,"危机"被理解为"危险与机会并存"。二是消极的解释。"危机"被理解为潜伏的危机,一般指生死成败的紧要关头,《晋书·诸葛长民传》中有"富贵必履危机"的警句。

综合以上观点,可以认为危机是指严重威胁到组织或个人的利益或正常秩序、可能造成严重损害结果的不确定情境或事件。危机具有以下几个特点:

第一,从认知特征来看,危机具有未知性和可知性并存的特点。危机的

---

[1] 漆小萍. 大学生危机事件管理 [M]. 广州: 中山大学出版社, 2009: 2.

产生总是出乎意料的，由于认识和准备不足，往往让人措手不及，但如果及早预警、及早防范，危机造成的损害是可以降到最低的。

第二，从发展过程来看，危机具有危机性和渐变性并存的特点。危机的发生往往是突然爆发的，人们所拥有的反应时间十分有限，但大多数的危机会经历从量变到质变的渐变过程。

第三，从结果判断来看，危机具有危害性和危险性并存的特点。危机往往会对个人或组织的利益造成威胁，并且会伴随损害结果出现，具有较强的危害性。

第四，从波及对象来看，危机具有直接性和间接性并存的特点。一方面，对当事人而言，危机造成的损害是直接而明显的，另一方面由于危机具有一定的辐射面，会对当事人以外的组织、个人造成不同程度的影响，这些影响虽然是间接的，但会持续一段时间，带来不确定的危害[①]。

所谓危机事件，是对偶然发生的危机事件的总称。

（一）危机事件与突发事件

在实际运用中，人们通常会把危机事件和突发事件混淆。综观现有的论述，对危机事件和突发事件的认识有两个方向：一是并列同一，把危机事件和突发事件并列陈述或二者同一，表达的意思一致；二是包容分层，把突发事件归结在危机事件的范畴内。我们认为，危机事件与突发事件既有共性也有区别。突发事件是对偶然发生事件的总称，突发事件和危机事件都具有危机性和危害性。两者的区别主要体现在发生和进展方面，突发事件是危机累积到一定量后爆发的一种表现，突发事件的解决是危机事件处置的一个环节，因此，突发事件归于危机事件。在通常情况下，突发事件更强调事件的不可预测性，而危机事件更突出其危险性，并非所有的突发事件都是危机事件，如果突发事件的紧急性和危害性较低，不对人民生命财产构成威胁，一般不归于危机事件。

---

① 漆小萍. 大学生危机事件管理 [M]. 广州：中山大学出版社，2009：3.

(二) 危机事件与群体事件

所谓群体事件，是指三人以上为了同一个目的而采取极端的手段、对正常的生活秩序造成影响的事件①。群体事件可分为危机性群体事件和非危机性群体事件。危机性群体事件兼具危机事件的特点，而非危机性群体事件则是事先有计划有组织的，如经过公安部门批准的游行。群体事件尤其是危机性群体事件，如果不能及时阻止或处理不当，极有可能演变成危机事件；有些群体事件本身即属于危机事件。危机事件与群体事件既有共性也有区别。群体事件和危机事件都具有危害性，群体事件主要表现为扰乱秩序，而危机事件通常表现为物质损失。从事件的特点来看，群体事件并非都具有危机性，有一些群体事件有一个缓进期，而危机事件往往是突然爆发的。从参与人数来看，群体事件要求群体性，三人以上；而危机事件在人数方面并没有要求。从事件的成因来看，群体事件是人为聚众引发的；而危机事件的成因可能是人为的、自然的或社会的。

二、大学生危机事件的概念

大学生危机事件是在危机事件的基础上衍生出来的，它具有危机事件的内涵和特点，所不同的是，大学生危机事件的主体特指大学生。大学生危机事件是指主要发生在高校校园内、以大学生为主体或涉及大学生利益的、在事先未预警的情况下突然爆发或潜伏尚未发作的、对学校的声誉及秩序造成严重影响的事件。鉴于此，我们可以得出大学生危机事件的几个组成要素：

第一，大学生危机事件的主体是大学生，或者与大学生利益相关。这里所说的主体是大学生，并非意味着所有的参与者都必须是大学生，而是主要参与者为大学生，也可存在其他类别的人员。

第二，大学生危机事件发生的"场"，通常是在学生学习生活的主要场

---

① 漆小萍. 大学生危机事件管理 [M]. 广州：中山大学出版社，2009：5.

所——高校或有关场所，学校是在校学生活动时间最长的场所，很多危机事件极易发生在校园里，如打架斗殴、罢餐、自杀等；但不排除发生在校外的危机事件，如离校出走、校外伤害或死亡案件等。

第三，大学生危机事件的状态是已经爆发或者潜伏尚未发作的隐性状态。已经爆发的危机事件是可以感知的，而潜伏尚未发作的危机事件是一个量变累积的过程，虽不容易被发现，但往往会一触即发。

第四，大学生危机事件导致的结果可能严重威胁到学校的正常教学秩序，损害高校的声誉，也可能对高校师生造成不安和伤害等。

高校是人群高度密集的场所，是危机事件高发的场所。从高校层面理解，大学生危机事件主要是指那些威胁到学校正常的秩序、损害学校功能的事件；从大学生层面理解，大学生危机事件还包括大学生伤害事件，如学生食物中毒、学生宿舍火灾、学生自杀、学生溺水等事件。

三、大学生危机事件的特征

大学生危机事件的主体特指大学生，与公共危机事件存在共性。主体的性质和特点，决定了大学生危机事件的特征。

（一）大学生危机事件的一般特征

大学生危机事件的一般特征是其他危机事件所共有的，概括来说，具有突发性、危害性、紧急性、不确定性和转化性等特征[①]。

1. 突发性

突发性是危机事件的首要特征。大学生危机事件一般都是难以预料、突然发生的事件。危机事件是从量变到质变的过程，但带有一定的偶然性，或者虽然有其必然性，但一般都是难以预料或难以准确预测的。因此，在应对危机事件时，不应拘泥于日常的处置办法，而应遵循事件发展的规律，采取较为灵活稳妥的办法进行处置。

---

① 卢涛. 应对突发事件能力［M］. 北京：人民出版社，2005：39.

2. 危害性

危害性是危机事件的本质特征。危机事件的发生总是伴随危害结果的出现，其破坏性表现在对正常秩序造成扰乱、对人身安全造成威胁、对社会或学校的核心价值观造成破坏、对和谐社会环境造成影响等方面，学校必须积极应对处理，以保障学生生命财产安全，维护学校正常的教学秩序。

3. 紧急性

紧急性是危机事件的形态特征。紧急性主要强调处理时间的紧迫性。危机事件往往事发偶然，发展迅速，同时伴有一定的危害性，如起哄、群殴、人员伤亡等，若不迅速控制事态发展，及时采取有效措施加以应对，事态将可能进一步升级，造成更严重的后果。因此，必须在第一时间快速做出决定，哪怕是在信息不充分、资源不充足的情况下，也要克服困难，快速反应。

4. 不确定性

危机事件的不确定性主要源于危机事件的不可预料性。危机是否发生，将在何时何地以怎样的形式发生，这些都是处置者无法准确预知的。危机事件发生后，由于危机情境的复杂无序，其发展的速度和方向、可能造成怎样的后果都让人无法捉摸。危机事件的不确定性和无先例可循的独特性，使事件的处置更讲求非程序化决策，以控制局面。

5. 转化性

危机从字面上看，由"危"和"机"两个字组成。"危"意为"危险""威胁"，多为贬义；"机"可理解为"机遇""机会"，多为褒义。"危机"一词为中性词。危机事件的处置具有风险性，若危机事件处置不当，可能造成更加严重的后果；若危机事件处置恰当及时，可以转"危"为"机"。通过妥善处置危机事件，融洽关系、总结经验、发现问题、完善机制，增强处置适应情境突变的能力和勇气，这何尝不是"机会"呢？

（二）大学生危机事件的个性特征

大学生危机事件的个体特征与其主体——大学生和事件易发场所——高校的属性有着密切的联系，就大多数危机事件而言，一般具有群体性、敏感性和传染性三个个性特征。

1. 群体性

大学生具有活跃性、敢为性和群体性。大学生危机事件多以群体出现，这与大学生的群体性是密不可分的。大学生在一起学习生活，有着共同的利益、接近的想法和相似的经历，对问题的看法和反应通常比较一致，加之学生意气风发，一呼百应，所以大学生危机事件多为群体性事件，涉及多人或在较大人群范围内具有一定影响。

2. 敏感性

高校是教学、科研和高层次人才培养的基地，对社会的征兆反应比较敏感，危机事件容易引起高校的震动。因学生富有激情和理想主义情怀，对新生事物充满好奇，具有一般同龄人的从众心态和冲动的特质，加之网络和媒体的推波助澜，促使危机事件引起众多师生的关注，如果不及时妥善处理，可能会引起更多师生尤其是学生的消极回应。高校是社会的重要组成部分，也是社会发展的缩影，随着国家科教兴国战略的不断深入，高校的地位不断提高，也越来越受到公众的关注。大学生作为高知识、高素质群体，备受政府、公众、媒体的关注，而高校的改革和发展也牵动着千千万万家长的心，所以高校危机事件一旦爆发，便会迅速扩散，成为社会关注的焦点，引起公众的热议。

3. 传染性

高校危机事件的发生虽具有一定的偶然性，但其发生发展是一个从量变到质变的过程。而与社会上的公共危机事件或国际危机事件相比，高校危机事件的诱因显得单纯一些。从群体性危机事件来看，大学生可能就是对学校的某项举措或做法不满，一时冲动采取非程序的办法解决。如对学校食堂提价不满意而集体罢餐，对某位老师不满意而集体逃课等。此时，处置者如果不能很好地控制危机局面，妥善处理，可能会引发其他学生的效仿，从而诱发新的危机事件。就个体性危机来看，个体危机事件对学生的影响是敏感的，尤其是自杀事件。学生自杀事件往往对有自杀倾向的学生及与自杀事件关系密切的学生产生影响,若疏导不利,极易发生区域多发性传染,造成某段时间集中发生某类危机事件①。

大学生危机事件的个体特征并非同时存在于每一个危机事件中,也并非所有的高校危机事件都具有以上个体特征。基于危机事件的偶发性和独特性,有些危机事件也会呈现其他的个体特征,如连锁性、隐藏性等,由于不具有代表性,在此就不一一罗列。

第二节 大学生危机事件的成因

危机事件的背后往往隐藏着深刻的诱因。大学生危机事件多样多发,其诱因也是多方面的,既有政治、经济、文化、教育、管理的原因,也有思想、道德、伦理的原因;既有客观原因,也有主观原因;既有物态的,也有心态的。

一、政治因素

改革开放40多年来,中国综合国力有了长足的发展,我国在国际社会的地位也不断提升,总体形势是好的。但不容忽视的是,国内外敌对势力对我国的破坏从未停止并将长期存在。某些西方势力唯恐中国不乱,散布"中国威胁论",在国际事务上百般阻挠,制造事端,发表不友好言论。大学生意气风发,具有强烈的爱国热情,对指向中国的声音十分敏感,他们急于向外国人表达自己的意愿,维护中国的形象,所以往往会采取非理性的方式展现自己的爱国诉求。比如2008年抵制"家乐福"事件。

当代大学生思维活跃,乐于接受新事物,求知欲望强,但辨别能力弱,因而容易成为敌对势力渗透的重点对象。敌对势力利用宗教、举办讲座、参加英语角、发放传单、提供奖学金、英语辅导等方式对学生进行有计划的渗

---

① 漆小萍. 大学生危机事件管理[M]. 广州:中山大学出版社,2009:10.

透和拉拢，宣扬美西方所谓的"民主""自由"思想，扰乱视听，制造谣言，利用学生的单纯与冲动煽动闹事。

二、社会因素

随着高校管理方式的社会化、办学形式的多样化和学生结构的多元化，校园与社会相互交叉、渗透的趋势愈发明显。首先，社会治安大环境与危机事件的发生有着密切联系。不良的社会治安状况直接影响着学生的安全，不法分子早已把魔爪伸向人数众多、思想单纯的大学生，把高校这一广阔"市场"作为目标。他们偷盗学生的电脑、手机等电子产品，诱骗学生参加非法传销组织；有些不法分子还以谈恋爱、找家教、兼职等为幌子诱骗女大学生，对其进行性侵犯，甚至采取暴力手段，残忍杀害。学生受到伤害后可能无法承受，可能会引发次生危机事件。其次，学校周边的小环境也会导致危机事件的发生。周边不良小环境的社会化、复杂化，周边出租屋人员繁杂、素质参差不齐，威胁着学生的人身安全。比如学生在校园周边被抢劫、打架斗殴、在校园内失窃等，这些使大学生缺乏安全感，甚至扰乱了他们正常的生活学习秩序，因而造成连锁反应。学校周边交通指示不清、交通环境复杂、存在交通隐患等状况又容易引发交通事故，给学生造成伤害。比如某大学城，在刚投入使用之初，接二连三发生交通事故，交通规划不合理、交通指示缺失是罪魁祸首。随着我国改革开放的深入，利益的重新分配和调整势必触动一部分既得利益者，他们将遭受不公平的怨气以极端的方式发泄，并选取备受社会关注的大学生群体，制造爆炸、投毒等案件，引起社会恐慌。如2003年年初发生在北京大学、清华大学的爆炸事件。

在当今信息时代，计算机和网络成为大多数人生活和学习不可缺少的一部分。网络的飞速发展，一方面给人们的学习、获取信息带来极大的方便；另一方面网络的虚拟性也为人虚情假意、为非作歹提供了机会。近年来，网络犯罪和网络安全问题愈发引起人们的警惕。某高校在网上传送助学贷款资料时不小心泄露了贷款学生的基本资料，24小时内，部分学生家长就收到了不法分子的诈骗电话，有些家长不明真相，爱子心切，上当受骗。还有在网络上传播不良信息，造成当事人情绪不稳定，引发轻生的事情也是时有发生。

三、学校因素

随着高教体制改革的深入，不少高校实行了合并，多层次、多渠道、多形式办学，学生构成呈现多样化。而学校的教学、后勤服务、硬件建设没能与学生规模和日益增长的需求相适应，有些学生借机起哄，如果处理不当，则随时可引发危机事件。

从高校日常管理和服务来看，由于学校多校区办学，工作人员工作压力增大，在学校资源有限的情况下，有些时候没有体现"以人为本"的工作理念，对大学生的尊重、关心、爱护不够，对大学生的爱国激情、求知热情和情感困惑未能及时地引导，对大学生面临的困难没有及时给予解决；部分工作人员工作态度生硬，工作方法陈旧，以致有些学生产生的埋怨、失望甚至愤怒等消极情绪不断累积，一旦有机会，这些情绪就可能被发泄出来。

随着国际化程度的提高，越来越多国家的学生来到中国高校留学，与中国学生一起学习和生活。由于国家、信仰、生活习惯、文化背景的不同，留学生与中国学生之间的冲突也时有发生。小冲突若没有得到及时的制止，就有可能演变成大学生危机事件，甚至可能引起国际矛盾。

四、个体因素

我国目前正处在发展和完善社会主义市场经济的关键时期，在社会转型中，各种矛盾不断涌现，社会贫富两极分化，就业形势严峻，大学生深切感受到经济、学习、就业、情感等多方面的压力，这些压力给部分学生带来了巨大的思想困惑和心理压力。如果学生没能及时调节自己的消极情绪，焦虑、抑郁、悲观、厌世等不良情绪不断积压且得不到合理宣泄，最终就会不堪重负，出现情感崩溃、心理失衡。不少有自杀和暴力倾向的学生，心理问题是主要诱因。

学生的健康成长成才离不开家庭、社会和学校的教育和引导。学生来自五湖四海，不同的层次、不同的地区、不同的家庭以及不同的教育方式等均在一定程度上影响着个人的成长，而恰恰是这些因素在大学生的人际交往、情感交流、挫折应对、自理独立方面发挥着重要的作用。有些学生从小习惯以自我为中心，自负而自私，经不起挫折和委屈，一旦遇到不顺心的事情，容易产生心理失衡，引发危机。也有一些学生因为强烈的报复心理而发生打架斗殴。

引发危机事件的原因复杂而多样，除了以上几点外，还有环境污染、地震洪水、烈性传染疾病等自然因素。

第三节 大学生危机事件的分类

由于高校危机事件性质各异，诱发的因素也各不相同，按不同的标准通常可对高校危机事件的类型作如下划分。

一、按大学生危机事件的性质分类

公共卫生类危机事件：如2003年4月西安某高校发生的167名学生细菌性食物中毒事件等。

政治类危机事件：此类危机事件带有浓厚的政治色彩，如学生为表达良好的政治愿望和爱国热情，却未能采取合理正当的表达方式而是参与非法集会、游行等活动，更有甚者还张贴不利于学校、社会、国家稳定的大字报，并罢课、绝食、聚众冲击学校及政府机关等。

治安类危机事件：如学生宿舍被盗、学生被抢劫、学生宿舍发生火灾等危机事件。

自然灾害类危机事件：指地震、洪水等自然灾害造成的师生人身伤害、学校停课等危机事件,如 2008 年 5 月四川汶川大地震造成的学生重大伤亡事件。

二、按大学生危机事件引发的源头分类

传染性疾病类危机事件:由已知或未知的传染性疾病诱发的危机事件,如新冠肺炎、禽流感等诱发的学生恐慌、离校等。

重大事件类危机事件:由国内外发生的重大事件而诱发的危机事件,如 1999 年我国驻南斯拉夫大使馆被炸事件,直接引发了部分高校学生上街游行抗议。

管理类危机事件:包括因学校内部管理存在的各方面问题得不到及时有效的解决而引发的危机事件,如因伙食管理问题引发的罢餐、过激行为、破坏公物等事件;因教学管理问题而引发的罢课、联名抗议,以及因学生学籍管理引发的学生或其家长滋事,发布具有攻击性的恶意匿名上访信件和网络帖子等;由于高校某些管理措施出台而诱发的危机事件,如某高校出台四级英语成绩与毕业证挂钩的办法引起学生不满,诱发了学生过激的行为,集体到学校机关找校领导上访等。

灾害类危机事件:由于地震、洪灾、火灾、车祸等意外事件造成的人身伤害、停课等,如某大学登山队在登山时遇难的危机事件。

人际关系类危机事件:因学生之间人际关系冲突引起的危机事件,如高校常见的学生打架斗殴;学生失恋后行凶报复或自杀等。

人为因素类危机事件:由于行为人的故意或过失造成的危机事件,如厂家提供劣质牛奶导致学生中毒;学生心理失衡导致投毒或纵火事件等。

环境压力危机事件:因学习、就业、经济等方面的压力诱发的危机事件,如学生因承受不了学习压力而自杀或出走。

三、按高校危机事件中学生的行为表现分类

情绪宣泄类危机事件:在危机事件中学生表现为群情激昂,心中的激

情、愤怒、不满在事件发展过程中得到宣泄。如某高校开始实施学生公寓晚间熄灯制度时，引起学生在宿舍区砸酒瓶、扔砖头、烧报纸、高声喊叫等过激行为，以宣泄对熄灯制度的不满情绪。

违反校规类危机事件：在危机事件中学生表现为违反学校的规章制度，如学生在宿舍私接电线、熄灯后在蚊帐内点蜡烛看书、酗酒、因迷恋网络游戏而旷课引起的危机事件。

违法犯罪类危机事件：在危机事件中学生出现违法犯罪的行为，如小偷小摸、盗窃、故意伤害、故意杀人等违法犯罪行为。

四、按大学生危机事件影响的范围分类

可分为个体性危机和群体性危机。个体性危机是指危机影响的范围较小，只有个别人处于危机中，如学生个体违法犯罪、学生个体自杀、学生家庭解体、学生身患重大疾病、学生家庭经济来源突然中断等。群体性危机是指危机影响的范围较大，多人处于危机中，如大面积食物中毒、社会动乱、重大传染病流行等①。

五、按大学生危机事件的诱因分类

可分为自然性危机和人为性危机。自然性危机是由自然因素造成的，如地震、暴雨引起的山洪、台风、雷电等自然灾害及由此引发的流行性传染病等次生灾害。自然性危机作为随机事件，一般难以完全避免，但可以制定预案，做好应对准备。人为性危机是指危机是由人为因素造成的，人为性危机又有故意和无意两种②，如恐怖活动、有组织的罢课、校舍年久失修造成倒塌等。

---

① 莫利拉，李燕凌．公共危机管理［M］．北京：人民出版社，2007：42.
② 郭济．政府应急管理实务［M］．北京：中共中央党校出版社，2004.

六、按大学生危机事件危害的程度分类

可分为轻度危机、中度危机和重度危机。轻度危机较轻且局限于高校局部群体或部门，可由高校按照常规办法予以控制；中度危机处于中等层级，需要学校花一定气力予以处理；重度危机会对校园内外造成严重影响，甚至使校园处于失控状态，学校需要借助外部资源和力量才能解决。

七、按大学生危机事件形成的模式分类

可分为日常管理危机和意外重大危机。日常管理危机是指在高校可预见和掌控的范围之内，在学生工作中呈规律性发生的危机，此类危机往往有一定的规律性和周期性，可按照既定的常规办法处理。如大学生违纪违法案例是高校学生管理中屡见不鲜的危机事件，在此类事件处置中，高校积累了较为丰富的经验。意外重大危机则是意外发生的、超出学生管理机构既有处置经验的危机，这类危机难以预见和控制，解决起来也较为复杂，是高校学生危机预警与应对的主要着力点。

八、按大学生危机事件产生的时间分类

可分为危机性危机和渐进性危机。危机性危机是指突如其来的、事先没有预兆或很少有预兆的危机，如人身意外伤害、自然灾害、校园暴力事件等。渐进性危机是指危机产生有较长的酝酿过程，一般事先有预兆，如学生在宿舍的冲突、学生的心理障碍等。

从实际工作来看，可以将大学生常见的主要危机事件划分为五类：一是日常行为危机，主要指严重的违纪违法事件；二是适应发展危机，包括学业、生活、恋爱、人际关系以及就业等方面的危机；三是身心健康危机，包括身患重大身体疾病或存在严重心理问题等；四是意外事故危机，包括大学生意外死亡和自杀事件，这是大学生个体危机中最为严重的危机事件；五是群体事件危机，包括集体游行、示威、抗议等危机事件，与个体危机事件相

比，群体性危机事件的社会影响力更大。

第四节 大学生危机事件管理的内涵、过程与机制

危机管理是现代社会公共管理中的一项重要内容，反映了现代人一种理性的生活方式。危机管理诞生于20世纪中叶的美国军界，"珍珠港事件"的惨痛教训迫使美国军方开始思考如何应对危机事件，包括如何预防、如何应对、如何恢复、如何管理等问题。随后，危机事件发生率较高的商界和政府管理界把最初的军事危机管理思想丰富到自身的管理理论中，一系列危机管理的专著问世，如著名咨询顾问史蒂文·芬克的《危机管理》、劳伦斯·巴顿的《组织危机管理)、罗伯特·希斯的《危机管理》、诺曼·R·奥古斯丁的《危机管理》等，危机管理逐步得到人们的重视。我国的危机管理研究起步较晚，主要集中在企业管理、政府公共事业管理、军事管理三个领域，并已初步取得一些研究成果，如邹东海的《哈佛模式·公司危机管理》和李经中编著的《政府危机管理》。2003年7月在清华大学召开了危机管理论坛。现今，危机管理研究在我国已持续广泛开展。

一、大学生危机事件管理的内涵

对于什么是危机事件管理，目前学术界没有一个统一的定论，中外学者从多个角度对其内涵作了论证。

（一）对危机事件管理内涵的不同界定

危机管理专家罗伯特·希斯认为危机管理涉及五个方面的问题：一是危机管理者对危机情境要防患于未然，并将危机影响最小化；二是危机管理者要未雨绸缪，在危机发生前作出响应和恢复计划，对员工进行危机管理的培训，做好应对未来危机和冲击的准备；三是在危机情境出现时，危机管理者要及时出击，在尽可能的时限内控制危机苗头；四是危机威胁紧迫，危机管理者需全面考虑，不忽视任何一方；五是危机过后，管理者要对恢复和重建

进行管理①。

　　日本学者龙泽正雄将危机发现与危机确认作为危机管理的出发点，认为危机管理是发现、确认、分析、评估和处理危机的过程，同时在此过程中，始终以保持最少的费用取得最好效果为目标②。

　　美国学者卡瓦略等人的研究表明，广义的危机管理是通过一套有计划及系统化的方法来正确处理危机事故。而危机事故是指任何可导致组织在生产运作及业务上受到沉重打击的事件③。

　　美国著名咨询顾问史蒂文·芬克认为，危机管理是指组织对所有危机发生因素的预测、分析、化解、防范等而采取的行动，分为危机防范、危机处理和危机总结三个管理阶段④。

　　我国台湾学者陈启荣将危机管理定义为：当个人或是组织在面临无法预料的突发情况时，必须马上采取相应措施并把握关键的第一时间，发挥高度的智慧，运用科学的方法以及团队的合作精神，做到在事前有效预防、事中迅速化解和事后妥善善后，这一连串的历程就是危机管理。简言之，它是一种有规划的、系统的、持续改善的以及动态的管理历程。

　　我国大陆学者朱德武从危机管理的三个可能控制的方式定义，认为危机管理是指个人或组织为了预防危机发生，减轻危机发生造成的损害，尽早从危机中恢复；或者为了某种目的而在有控制的情况下让危机发生，针对危机和可能发生的危机采取的管理行为⑤。

　　苏伟伦认为，危机管理是指组织或个人通过危机检测、危机预防、危机决策和危机处理，达到避免、减少危机产生的危害，甚至将危机转化为机会的目的⑥。所谓危机处理，主要是指对已发生的危机进行紧急的应对和控

---

① 罗伯特·希斯. 危机管理 [M]. 王成，等，译. 北京：中信出版社，2004：14-15.
② 转引自畅铁民. 企业危机管理 [M]. 北京：科学出版社，2004：16.
③ 转引自徐士强. 学校危机管理 [D]. 上海：华东师范大学，2004：8.
④ 转引何海燕，张晓. 危机管理概论 [M]. 北京：首都经济贸易大学出版社，2006：26.
⑤ 朱德武. 危机管理：面对突发事件的抉择 [M]. 广州：广东经济出版社，2002：19-20.
⑥ 苏伟伦. 危机管理——现代企业实务管理手册 [M]. 北京：中国纺织出版社，2000：1.

制，力求解决危机。

以上定义虽然表述的角度各不相同，但从中可以看出，危机管理是一个动态的、持续的过程，根据危机变化的轨迹可以对危机进行阶段性的管理。危机虽然是不可预测的，具有偶发性和隐蔽性，但是它也是有规律可循的，我们可以通过一系列的步骤和措施来预防、控制甚至消灭它，转"危"为"机"。

（二）大学生危机事件管理的要素

大学生危机事件管理是指管理者对大学生危机事件的自然演进过程加以监视、预警、预防和控制的过程[①]。

大学生危机管理是一个动态的管理过程，是依据高校自身特点和大学生的特殊性而进行的，主要包括以下几个要素。

1. 目的要素

大学生危机管理的目标，就是要有效预防危机，及时处理危机和消减危机，努力把危机造成的影响和损害降到最低，尽可能转"危"为"机"。

2. 主体要素

大学生危机管理的主体，是以大学生为主体，危机事件主要由大学生参与或涉及大学生的利益。

3. 客体要素

大学生危机管理主要针对的对象是威胁大学生或高校的潜在危机或现实危机。这些危机主要集中在三类：一是与生命和身体安全直接相关的事件；二是扰乱学校正常的教学科研秩序、影响学生正常学习生活的事件；三是对师生、学校形象和声誉造成负面影响的事件。

4. 方法要素

大学生危机管理通常采取有组织、有计划、有步骤的行动，并实施动态检测和管理。

---

① 漆小萍. 中外大学生危机事件管理的比较［J］. 思想政治教育研究，2008（3）：109.

5. 过程要素

大学生危机管理过程是与危机事件的周期相对应的，危机管理实质是过程管理，一般包括组建危机管理机构、制订危机管理预案、危机识别、危机处理、危机恢复等系列过程。

二、大学生危机事件管理的过程

大学生危机事件并非静止不动的，其发生发展也遵循一定的规律，有其生命周期。而大学生危机事件管理过程主要与大学生危机事件的特点和生命周期相对应，其职能和阶段性有如下表征。

（一）大学生危机事件管理的职能

大学生危机事件具有突发性、紧急性、危害性等特征，与之相对应，大学生危机事件管理也具有不确定性、应急性和预防性等特点，在职能方面表现为预防、处理、评估三项职能[1]。预防职能是指在大学生危机事件潜伏阶段所进行的一切有效的预警工作，防患于未然，包括监测、预警、培训、预控等工作；处理职能是指在大学生危机事件爆发和持续阶段，采取积极及时的应对策略，减少危机事件的影响和损失，包括选择和启动紧急预案、制订应急处理方案和实行应急处理等工作；评估职能是指大学生危机事件结束后，对被破坏的秩序进行恢复，对处理过程进行认真系统总结，进一步提升组织的危机应对能力，包括系统调查、秩序恢复、教育评估等工作。

大学生危机事件的三个职能是相辅相成、相互依存的。预防职能是应急处理的基础，评估职能是为了总结提高，更好地预防和处理危机；预防的充分性和前瞻性可减少危机事件的发生和持续，降低应急处理的紧迫性和复杂性；而应急处理又为评估提供了素材和实践检验。三个职能环环相扣，形成了一个完整的应对管理过程。

（二）大学生危机事件管理的阶段

大学生危机事件从发生、发展到消亡的生命周期一般分为潜伏（酝酿）

---

[1] 卢涛. 应对突发事件能力 [M]. 北京：人民出版社，2005：39.

期、爆发（紧急）期、持续（高潮）期、解决（消退）期四个阶段。大学生危机事件管理是贯穿于大学生危机事件整个生命周期的一个过程。大学生危机事件管理过程与大学生危机事件的生命周期相对应，分为预控（预警）、应急处置、隔离控制、恢复评估（善后）四个阶段。

1. 预控（预警）阶段

预控（预警）阶段是大学生危机事件管理的关键，它是指根据检测、预警情况，对可能发生的危机事件进行预先的控制和防范，并根据具体情况实施相应的措施。"大风起于青萍之末"，任何大学生危机事件都是有征兆的，只是有些征兆明显，易被觉察；有些征兆不明显，难以觉察，通过这些征兆，可以发现危机的存在，为防范危机赢得时间，提供依据。这就是监测预警，是大学生危机事件管理的前提。由于大学生危机事件的起因不同，其监测、预警的方式方法各不相同，有的借助仪器，有的参照历史规律，有的依靠专门技术，等等，无论何种方法，目标只有一个，希望监测和预警准确无误，减少危机的发生或减低危机事件的损失。

"愚者暗于成事，智者见于未萌。"英国危机管理专家迈克尔·里杰斯特告诉我们："预防是解决危机的最好办法。"如果能通过预防而最终避免危机的发生，那就达到了危机管理100%的效果。因预控工作而减轻危机的危害后果，危机事件处理就成功了60%。"凡事预则立，不预则废。"管理者应未雨绸缪，增强危机意识，培养危机应对能力，建立危机事件预案，注重危机的检测和排查，加强日常培训和防范，强化内部管理，这些都是预防危机事件发生的有效途径。

2. 应急处置阶段

应急处置是大学生危机事件管理的核心。应急处置的关键是要及时反应，稳定和控制局势，迅速查明原因，积极采取有效措施，防止损失扩大和事态升级。处置时应把握"以人为本"和生命安全第一的原则，沉着镇定，果断决策。这一阶段主要是建立应急处理机构，全面、协调地开展活动；采取座谈法、观察法、访谈法等多种方式迅速调查情况，收集信息；启动应急预案，整合资源，调动各种力量，迅速有序地应对危机事件。大学生危机管理的核心是"人"，而不是"事"，因此，重要的工作是关注事件中的"人"，特别是大学生，尤其是要充分关注危机事件利益攸关者（如受害人及其亲属）、利益相关者（如受害人所在单位、事件所涉及的人、财、物等），应急处理时要充分考虑到这两类人的利益和反应，及时调整策略，做好反馈。

3. 隔离控制阶段

虽然我们在预防和应急处置阶段做了不少的工作，但是有些时候还是不能阻止某些大学生危机事件的发展，这时我们不得不面对事件高潮的持续阶段。这一阶段的主要任务是防止危机进一步蔓延，控制事态的进一步扩散，减少危机继续造成的损失，阻止或延缓危机的连锁反应，减少或避免危机所造成的人员伤亡。这一阶段，大学生危机事件的影响全面蔓延，处理更趋复杂。因此，首先，要对事件认真梳理，对危机事件的各种风险进行评估，对危机的各种紧急状态进行分级，针对不同的层级采取不同的应对措施。其次，采取措施隔离危机。为确保公众的生命安全，采取各种措施隔离危险源，力求将危害控制在一定的范围内。如对于"新冠肺炎疫情"，对感染者、疑似感染者以及与他们接触过的人进行隔离治疗和观察，防止传染范围进一步扩大，并取得了较好的效果。再次，调整完善应急预案。当危机事件的持续发展超出既定预案时，应及时地调整和完善预案，合理调配资源，分清主次，确保重点部位、关键职能和核心利益得到保护。最后，对信息进行有效的管理。掌握足够的信息是有效管理的基础，一方面，保证信息通畅；另一方面，对信息的传递、舆论等进行管理，保证信息传达的完整性、真实性，减少"小道消息"引起的不必要的舆论恐慌。

4. 恢复评估（善后）阶段

大学生危机事件得到有效控制或消退后，大学生危机事件管理并没有结束，而是进入另一个阶段：善后阶段。这一阶段的管理重心从应急处理逐步转向恢复控制，尽快恢复正常的秩序，尽量降低和减少危机的损失和影响，其主要任务是恢复重建和评估发展。

大学生危机事件会导致组织或社会出现一种高度不稳定的紧张、失衡状态，也会给个人、组织或社会造成一定的伤害，这种状态既有物质的，也有精神的和心理的，它们在危机结束后还会持续一段时间。大学生危机事件管理的恢复阶段的工作目的就是要对危机结束后的发展情形进行跟踪、反馈，采取灵活的方式方法消除这种失衡状态，回归正常有序。大学生危机事件管理恢复包括秩序恢复、物质（设施）重建、形象管理、人员心理恢复四个层面。

大学生危机事件管理是否可以转"危"为"机"，评估阶段至关重要。通过对危机事件的发生、管理过程的总结评估，了解掌握重建的成本，吸取经验教训，发现制度、政策和日常管理中的不足，从而尽快加以改进；通过危机事件这一活生生的案例，培养相关人员的危机意识，提高管理人员危机管理能力，这都不失为一个变革和发展的重要契机。

这四个阶段是依次递进、层层深入的。前一个阶段结束了，可能马上就进入第二个阶段。如果预防阶段已制止了危机的发生，第二、三个阶段就不会出现，而直接进入第四个阶段，如果危机到第二阶段就已消亡，则直接进入第四阶段。危机的解决是一个个综合性的变化的过程，在实际处理过程中，未必四个阶段都同时存在；由于危机的复杂性，也未必完全根据每一个具体阶段开展工作，阶段间的界限可能会有交叉，因此，不可机械、呆板地理解危机事件管理的阶段。

三、大学生危机事件管理的机制

大学生危机事件管理的内容很多，需要依据每一个阶段的特点和任务展开具体的工作内容，大学生危机事件管理也是一个需要综合多方力量、共同完成的管理过程。各阶段间工作并非孤立存在，而是相辅相成、相互融合与促进的。大学生危机事件管理是一个相对完善的危机事件管理体系，它包括危机事件管理的组织机构、危机决策机制、危机沟通机制和危机控制机制。

（一）建立危机事件管理常设机构

危件事件管理的组织机构设置是整个危机事件管理体系构建的基础，也是危机事件管理的起点。危机事件管理常设机构在危机事件管理的各个阶段都发挥着指挥部的作用，也是决策的中心。就大学生危机事件管理而言，目前不少高校基本停留在临时组建危机事件管理领导小组来应对具体危机的层面。这种临时的应急小组宛如一支临时的救火队，当火扑灭了，也就解散了，这样不利于制订有效的危机事件处理计划，也无法建立有效的危机培训和教育评估机制。临时"救火队指挥部"因其流动性而无法将危机事件管理全面系统地传承。而设立危机事件管理的常设机构就可以避免以上不足，加强危机事件的日常管理，提高防范能力。按照高校管理机构的功能，高校的危机事件管理常设机构可由决策小组、执行小组和咨询小组等组成，每个小组依职责分工合作。

（二）建立危机事件管理决策机制

大学生危机事件管理的核心就是决策。决策是危机事件管理的一个总舵手和方向标，果断而准确的决策是危机事件管理成功的前提。决策是一个集体智慧的结晶，主要由危机事件管理机构中的决策小组完成。由于危机事件的特征，决策小组必须在时间紧迫、信息不全、资源不足的情境下快速作出决策，这就要求决策小组成员有较强的应急能力、知识素质、能力素质和心理素质。在危机发生时，决策小组依据执行组和咨询组提供的综合信息作出判断和决策。

（三）建立危机事件管理预警机制

预警机制的完善程度决定着危机事件管理水平的高度。预警系统的主要功能是及时发现潜伏的危机，快速作出危机反应，减少危机发生和蔓延的可能性。目前，包括中国在内的不少国家都制定了公共危机事件预警；详细规定了不同预警级别下应采取的行动指南。就大学生危机事件而言，我国高校尚未形成统一的、完整和权威的大学生危机事件预警机制。

（四）建立危机事件管理预案机制

科学合理的危机事件预案是处理危机事件的有力保障。危机事件管理应急预案是危机情境下协调行动的指导方针，它给危机事件管理者提供了一个应对危机事件的"通用方法"，使每个人都能尽快根据计划和要求履行职责，使危机事件管理更趋科学合理。应急预案的成熟程度是危机事件应对机制成熟程度基本标志之一。应急预案的内容涵盖了危机事件应急管理相应的全过程和全方位，包括原则、方法、职责、流程等。不同类别、不同性质的危机事件，其对应的应急预案也是不同的，尤其是在制定处置流程图时应注意发生在不同的单位、不同的区域、不同类型的危机事件，由于现实条件的不同，其处置流程图会有所区别。当然，无论怎样计划，变化总会发生，因此预案应该有预测变化和有效的应变措施，以应万变。预案不是处理所有危机事件的细节完全手册，对于特殊的情境还是要灵活应变。

（五）建立危机事件管理评估机制

危机事件管理的方案在实践中得到检验，也得到不断地完善。在危机过后，通过对管理体系的评估，发现应对和管理中的不足与缺陷，总结改进，不断完善危机事件管理体系，提高预防危机、管理危机和处理危机的能力。危机事件管理的评估内容应涉及危机事件管理体系的各个方面和全过程。而目前高校危机事件管理的评估机制是比较薄弱的，有待进一步加强。

（六）建立危机事件管理的信息沟通机制

交流沟通是最重要的危机事件管理手段。内外部的交流沟通是管理者获取信息并进行决策的依据，是影响外部利益攸关者看法和行动的重要因素。信息沟通渠道的安全畅通是信息沟通的物质基础，建立信任、尊重对方感受、注重方法是赢得沟通的有效武器。在与利益攸关者谈判时还要平衡各方关系，尽量做到双赢（即优势谈判）。危机事件管理的核心问题是传播，任何危机从某种角度来说都是舆论的危机、传播的危机、公关的危机。因此，无论在危机事件管理的哪个阶段，都要重视信息的传播和管理，注重把握信息的沟通和传播的度，使信息沟通和传播为管理服务，而非造成新的危机情境。

危机事件在不可避免的情况下发生时，危机事件管理机制是否完备有效，是处理危机事件的关键所在。建立和完善危机事件管理机制，在危机事件发生发展的各个阶段有效地管理危机事件，以降低危机的发生率，是危机事件管理不可或缺的重要内容。

第二章　大学生危机事件管理理念

第一节　大学生危机事件管理的理念哲学

哲学是研究一切事物之间抽象的相互关系的学科。关系客观地存在于相应的事物之间，为事物所固有。任何事物总是处在与其他事物的一定关系中，只有在与其他事物的关系中，它才能存在和发展，其特性才能表现出来。

大学生危机事件管理的理念哲学就是对其与相关存在的关系研究。本节将对大学生危机事件与学生事务的关系、大学生危机事件管理与学生事务管理的关系、大学生危机事件与辅导员的关系进行分析论述。

一、大学生危机事件与学生事务的关系

学生事务是典型的美国术语，是指高校针对大学生在校期间课堂外的学习、生活等的发展需要而提供的各类服务、管理和帮助。对学生事务的理解有广义和狭义之分。广义的学生事务是指学校为学生健康成长服务的所有直接和间接工作的总和；狭义的学生事务是指与教学工作、科研工作相平行的直接以学生的思想政治教育、成长发展指导、学生日常事务管理为主要内容的学校工作。通常，学生事务多指狭义的学生事务。

对于大学生危机事件和学生事务的关系，当前存在着以下不同的看法：一是对立论。有人认为，大学生危机事件与学生事务是对立、水火不容的，学生事务不能容许学生危机事件存在和发生。如果发生了大学生危机事件，

则是学生事务的失职,没有尽到应有的本分。二是无关论。有人认为,学生事务是对学生常态下学习、生活的教育、管理和服务,是持续性、平稳性的,而大学生危机事件则是学生非常态下的管理和服务,具有突发性、破坏性、紧迫性、扩散性等特点。而且,大学生危机事件是近年来随着学生规模扩大、高校发展及社会形势变化才凸显的,不属于学生事务的应有范畴,二者井水不犯河水,没有关系。实际上,这两种观念对二者仅做了单维度的探讨,而没有从多维度总体性角度去把握,在一定程度上都存在偏颇之处,未能客观、公正、正确地看待二者的关系。笔者认为,大学生危机事件与学生事务既有差别又有联系,是辩证统一的关系。

二者的差别表现为状态和特点相异。学生事务一般是指学生常态下学习、生活的相关活动,具有稳定性、连续性和可预见性的特点;而大学生危机事件是学生面临的潜在或正在面临的危险与危害等非常态性事件,具有突发性、紧急性等特点。

二者的联系,可从以下四个方面具体分析。

（一）对立关系

维护校园稳定,帮助学生健康成长历来是学生事务的重要职责,从这一职责出发,学生事务排斥大学生危机事件。但随着高校学生数量的增加,国内外高校学生危机事件频发已经成为学生事务的重要内容,是客观存在的现实。近年来,高校相继出现的学生意外伤亡、聚众斗殴、食物中毒、上街游行等大学生危机事件逐渐成为困扰学校、学生发展的突出问题。在这个意义层面上,二者存在着对立关系。

（二）包含关系

一般意义上,学生事务是一个较为宏观的概念,它涉及学生学习、生活的方方面面,内容比较丰富,包括学生思想政治教育、学生资助工作、学生日常管理、维护和稳定校园文化建设等。大学生危机事件是指潜在的或已经发生的危险危害到学生生命、财产安全及校园稳定的事件,虽然包括学习危机、生活危机、心理危机、人际危机、感情危机及就业前景危机等各个方面,但仅为突发性、危害性、破坏性的事件,故所含的内容相对狭窄。二者的主体均为学生,但从所辖内容和范围来看,学生事务与大学生危机事件是包含与被包含、整体与部分的关系。

(三) 发展关系

随着高等教育的改革与发展,学生事务工作逐渐由封闭向开放转变,从思想政治教育、行政管理向咨询、指导和服务转变,从经验化向专业化转变,内容逐渐由政治教育的单一性向维护稳定、提供服务和促进发展等多样化转变。学生事务在不同的历史阶段有不同的内容,大学生危机事件是新时期学生事务在内容方面的发展和延伸。据调查,有50%的高校在近五年内不仅发生过自杀、他杀、食物中毒、传染性疾病、暴力、性骚扰、绑架等危机事件,而且呈现平稳趋势,有的高校还呈现出上升趋势[①]。

(四) 转化关系

学生事务与大学生危机事件在一定条件下是可以转化的。大学生危机事件是极端状况下的学生事务,学生事务在某种意义上是常态下的大学生危机事件。常态下的学生事务如果处理不当,则可能会转化为大学生危机事件。同样,大学生危机事件如果得到科学有效的预防控制,则会转化为常态下的学生事务。学生事务是否会转化为大学生危机事件,取决于三个因素:学校是否具有有效的预控、应对机制;学生对事件发生的意义以及事件对学生的影响;学生是否拥有提供帮助的社会支持系统。例如,对家庭困难学生的资助工作,如果评选有失公平公正,将会引发学生的抗议或其他危机。

二、大学生危机事件管理与学生事务管理的关系

学生事务管理作为高校管理工作的重要组成部分,对学校的稳定与发展、学生的健康成长成才发挥着举足轻重的作用。学生事务是高等学校通过

---

① 李永贤,梁金霞. 大学危机管理工作的调查与思考 [J]. 国家教育行政学院学报,2007 (3): 75-79.

非学术性事务和课外活动对学生施加教育影响,以规范、指导和服务学生,丰富学生校园生活,促进学生成长成才的组织活动①。大学生危机事件管理是指管理者对大学生危机事件的自然演进过程加以监视、预警、预防和控制的过程②。学生事务管理和大学生危机事件管理在管理方式方法上各有差异,但都以大学生为管理主体,为学生的成长成才、学校的稳定与发展服务,二者存在许多共同点,关系密切,相互依存,相互促进。

首先,学生事务管理是大学生危机事件管理的前提和基础。近年来,大学生危机事件频发,给学生和学校发展带来不利影响,大学生危机事件管理成为当前高校学生事务管理和高校管理中的薄弱环节。长期以来,学生事务管理积累了丰富的经验,可为大学生危机事件管理提供经验借鉴。大学生危机事件管理必须借助和依托学生事务管理的基础作用,面向学生开展日常教育、管理和服务,有效预防和控制大学生危机事件的发生。尤其是在人为因素导致的学生危机事件中,学生事务管理可以掌握学生的动态信息,及时发现危机隐患和苗头,将事态控制在萌芽状态。

其次,大学生危机事件管理为学生事务管理提供发展契机。一方面,大学生危机事件管理是学生事务管理在新时期、新形势下所遇到的新内容和新课题,是在我国高等教育大众化、社会进入风险社会后在学生事务管理中凸显的新问题,是学生事务管理新的发展方向和新的工作增长点。另一方面,大学生危机事件管理有利于减少学生中潜在的或面临的危机与矛盾,有利于形成稳定和谐的校园环境,促进学生身心健康,促进学生事务管理的顺利开展。同时,在大学生危机事件管理过程中,所积累的一些经验和方法对学生事务管理也有一定的借鉴作用,将促进学生事务管理的进一步发展。

大学生危机事件管理对学生事务管理到底起促进还是阻碍作用,最终取决于我们对大学生危机事件管理的把握程度。如果不能及时有效地处理大学生危

---

① 邬光燕,许彬奇.高校学生事务管理简论[J].中国电子教育,2008(10):142-144.
② 漆小萍.中外大学生危机事件管理的比较[J].思想政治教育研究,2008(3):109-112.

机事件，势必会影响学生的生命、财产安全及心理健康，会造成校园环境的恶化，将对学生事务管理起阻碍作用；反之，则会促进学生事务管理和学校发展。

三、大学生危机事件管理与辅导员的关系

大学生危机事件管理首先必须面对的一个问题就是"谁来管理"。在现行的大学生危机事件管理中习惯性地将管理主体等同于辅导员。

对辅导员工作职责和角色进行准确定位，是正确理解辅导员和大学生危机事件管理间关系的前提。目前，对此存在着一些误解：一是将辅导员的工作职责无限扩大，将辅导员等同于"保姆"，认为凡是与学生学习、生活等方面相关的需要，辅导员应提供帮助，大学生危机事件管理当然位列其中。二是将辅导员的工作片面化和简单化，将辅导员等同于"消防员""警察"，认为辅导员只需做好稳定工作，处理好学生危机事件，保证学生不出事，就是合格和称职的。三是将辅导员与大学生危机事件管理的关系对立起来，认为只要发生学生危机事件，就是辅导员的工作没有做好，没有尽职尽责。

《中共中央国务院关于进一步加强和改进大学生思想政治教育的意见》（中发〔2004〕16号）指出："高校政治辅导员是学生思想政治工作的骨干力量，是高校实施全面素质教育，开展学生思想政治工作，确保学校稳定的一支重要力量。"目前，在我国高等学校中，辅导员是大学生危机事件管理的主要参与者。如果没有辅导员的参与和配合，大学生危机事件的管理将得不到及时有效的预防和处理。我们可以从三个方面来理解大学生危机事件管理与辅导员的关系。

首先，大学生危机事件管理是辅导员工作职责的应有之义。《普通高等学校辅导员队伍建设规定》明确指出，了解和掌握高校学生思想政治状况，针对学生关心的热点、焦点问题，及时进行教育和引导，化解矛盾冲突，参与处理有关突发事件，维护好校园安全和稳定。辅导员制度是应对思想政治教育工作的需要而设计的，维护校园安全和稳定是辅导员第一大功能属性和价值诉求。辅导员与专业教师相比，他们更多的是以"学生事务"为载体，

不定时、不定点，以问题为中心，实现对学生的教育与影响。中央 16 号文件也提出，要通过坚持解决思想问题和解决实际问题相结合的原则，既讲道理又办实事，增强思想政治教育的实际效果。而加强大学生危机事件管理正是为学生办实事、解决实际问题的一个具体体现。

其次，辅导员为大学生危机事件管理提供人力保障。在危机预防阶段，辅导员可深入到学生中去，通过宿舍管理、资助工作、日常管理及其他学生事务工作，掌握学生的动态信息。同时，针对学生常见的危机事件，开展危机教育，提高学生的危机意识和抵御危机的能力。在危机应急处置阶段，辅导员必须第一时间赶赴危机现场，尽最大可能控制事态的进一步恶化，第一时间了解危机事件的真实信息，调查危机事件的起因、发展，了解事态进展情况；第一时间做好信息报送工作，将了解的第一手信息及时向学院（系）、学生工作部门及相关职能部门报告，取得上级的支持；第一时间向相关专业机构请求援助，如向医院、公安局、消防部门等寻求帮助，减少危机事件对学生生命的危害程度。所以，无论是在危机处理的事前、事中和事后管理方面，辅导员都发挥了不可替代的重要作用。

最后，辅导员的工作性质为大学生危机事件管理提供了客观条件。辅导员作为第一线的学生事务工作者，他们与学生接触最密切，最了解学生的思想动态和学生关注的热点、难点问题。同时，由于辅导员一般比较年轻，具有较强的亲和力，与学生容易沟通，是学生最容易亲近和信任的人，学生遇到困难时往往会向辅导员倾诉或求助。因此，辅导员较其他教师和管理人员容易掌握学生最为真实的状况，对大学生危机的隐患或潜在性可以提前察觉和监测，能有效地实现危机预防。

第二节　大学生危机事件管理的理念结构

一、大学生危机事件管理的人性观

在大学生危机事件管理中，人性观是一个重要的课题，不同的人性观决定不同的管理理念。人性是指人的本性、本质或者人之为人的依据，是一切人所共同具有的特点。人性包括自然关系属性、社会关系属性和思维关系属性三个层次。从古至今，人类对于人性的认识经历了一个从简单到复杂、从非理性到理性、从片面到全面的变化过程。在中国，人性自先秦就受到思想家的重视，孔子最先提出人性观，孟子的"性善论"、荀子的"性恶论"、董仲舒等人的"性三品论"等，对中华民族乃至西方文明的发展作出了重大贡献。

西方管理思想中的人性观，主要有"经济人""社会人""自我实现人"和"复杂人"等。经济人的观点认为人的行动归因于各种经济需要，但人在组织中为满足这种需求的行为总体上是被动的，而且必须受到组织条件的控制。社会人的观点认为组织中的人的需求，除了主要的经济之外，还有多方面的社会性需求（如感情、地位等），后者有逐渐强化趋势，因此对组织中人的需求的控制，组织之外的各方面社会因素甚至起着重要作用。追求自我实现的人认为自我实现是人的满足需要过程中的主要推动力，人会努力去实现其自我价值，但由于受到多种客观因素的限制，人往往采取只能满足较低层次需要的行动。复杂人的观点认为人的需求动机以及采取的行动不但内容广泛，而且还会由于环境变化而变化[1]。

西方管理思想中人性的不同假定，决定了人在管理中地位的判断，并由此决定了如何对人进行管理。管理学中人性观的发展反映了人类在征服自然和改造社会的过程中，对人自身的认识，对人价值的关注，对人的尊严的重视，继而出现"以人为本"的管理理念。"以人为本"的管理已经成为现代人类管理文明的基本标志。

马克思立足于人的现实实践性去探索人性，第一次得出关于人性的科学学说。马克思主义的人性观所指的人性是自然性、社会性、主体性的统一。自然性是人性的基础，社会性是本质，主体性是核心。人本主义人性观的科

---

[1] 张勤国，朱敏. 管理学——理念、方法与实务 [M]. 上海：立信会计出版社，2003：300.

学内涵,为我们做好大学生危机事件管理提供了科学的理论依据。新时期我国提出的科学发展观,明确把以人为本作为发展的最高价值取向,就是要尊重人、理解人、关心人,就是要把不断满足人的全面需求、促进人的全面发展作为发展的根本出发点。

我国大学生危机事件管理坚持以人为本的理念,主要体现在"发展为了人"和"发展依靠人"两个方面。发展为了人,可以从三个层面来理解:一是一切为了人。做到在危机事件处理中以人为中心,善待危机事件中的每一个人。二是为了一切的人。大学生危机事件管理中所涉及的人包括学生、教师和社会其他人员,我们要顾全大局,不能顾此失彼,不能因某一群体的利益而伤害其他群体的利益。三是为了人的一切。人的需要是人类生存和发展的前提,是人类一切活动的源泉,也是人性形成和发展的原动力。马斯洛认为,人的需要涵盖多个方面和层次:生理的需要(包括衣食住行等),安全的需要(包括工作、医疗保险、退休、福利等),社交的需要(包括友谊、感情、归属等),尊重的需要(包括被认可、自尊等),自我实现的需要(包括成就、自我实现等)[①]。我们在处理大学生危机事件时,应尽可能满足人的各种需要。

发展依靠人,也可从三个方面来理解:一是依靠教师。这里的教师是广义上的概念,包括学校的全体员工,既有行政管理人员,也有专业教师,我们要充分发挥学校所有员工的作用,培育并形成全员育人的良好氛围和机制。二是依靠学生。学生危机事件的管理,必须依靠学生的参与和配合,充分发挥学生的主体作用。三是依靠社会民众。学校不是一个全能机构,很多职能和工作需要社会各界的帮助和支持,在当今日益开放的高等教育体系中,社会民众成为十分重要的支撑力量。如在大学生危机事件管理中,学校要依靠社会的专业机构和专业人员的参与和帮助,才能及时解决问题。

---

① 张丹. 论管理中的人性观 [J]. 吉林农业科技学院学报, 2007 (3): 39 - 41.

二、大学生危机事件的目的观

管理是人类一种有意识、有目的的活动，具有明显的目的性。目的性是管理区别于其他行为或活动的特性。不同的组织、不同的管理活动所追求的目的也不同，如企业管理是为了追求经济效益，科技管理是为了追求出成果，政府管理是为了更好地为人民服务。

大学生危机事件管理也是一项具有明确目的的活动，具体可从学生、学校和社会三个层面进行分析。

（一）对学生而言，大学生危机事件管理的主要目的

一是保障学生的生命权。生命权是人作为人存在的前提条件，是人与生俱来的权利，也是其行使其他民事权利的基础。对人的生命权的尊重，是人类社会的一条基本公理。无论发生什么意外情况，大学生危机事件处理目标都应该是保护和保障学生的生命安全，这既是以人为本理念在防灾事务中的体现，也是世界各国处理大学生危机事件的基本理念。即使在提倡见义勇为时，也要求学生确保自身的人身安全，摒弃学生"忘我"地进入危险场地的习惯想法和做法，确保学生在危机事件中尽量处于安全境地。

二是维护学生的健康权。健康权包括身体健康和精神健康两个方面。大学生危机事件必然会对学生的身心产生一定的负面影响，我们应该充分估计到影响的范围和程度，并根据大学生危机事件的性质及可能对学生产生的影响进行充分的评判，有针对性地采取相关措施。对学生身体的伤害，我们要借助专业医疗部门，及时对症治疗，不能拖延时间和耽误病情。对学生心理的负面影响和伤害，学校要针对大学生危机事件的性质、程度，积极采取心理危机干预和治疗。

三是尊重学生的发展权。发展权是指公民享有在社会中良性发展的权利。学生的发展权是学生的生存权或其他权利顺利进展的权利，它的存在保证了各种权利的可持续性。从大量的大学生危机事件来看，危机的深层根源在于其发展需求没有得到实现和满足。所以，大学生危机事件管理还必须以

实现学生的全面发展为目标,尊重所有学生的发展权,从学生的根本利益出发谋发展、促发展,最大限度地满足学生各方面的需要和权益,以提高学生的生命质量、生活质量为指向。

(二) 对学校而言,大学生危机管理事件的主要目的

一是维护学校的稳定和正常的教育教学秩序。校园稳定是学校各项工作的前提和基础,学生稳则高校稳,学生乱则高校乱。要维护高校稳定,核心问题是维护高校学生的稳定。大学生危机事件不同程度地干扰高校师生正常的教学管理秩序,有的甚至威胁到师生的生命财产安全,是导致高校学生不稳定的重要因素。

二是维护学校的良好形象,为学校的发展创造良好外部条件。学校的发展不仅需要安定和谐的内部环境,还需要良好的社会外部环境。高校是社会各界关注的重点,其中大学生危机事件又是关注的焦点。大学生危机事件往往是学校发展的节点,如果处理不好,就有可能会使学校的形象受损,处理得当,则是学校塑造、展示良好形象的契机。

(三) 对社会而言,大学生危机事件管理的主要目的

一是维护社会的稳定。稳定是发展的前提,没有稳定,发展则无从谈起。高校是社会最敏感的神经,是社会稳定的晴雨表,大学生危机事件处理得当则高校稳定,高校稳则社会稳,高校乱则社会乱。大学生危机事件因具有敏感性、群体性、传染性等特点,容易触发社会不稳定因素。所以,积极稳妥地处理大学生危机事件对社会的稳定意义重大。

二是为社会危机管理提供智力支持和借鉴。大学生危机事件管理是学校危机管理的重要内容,也是公共危机管理的一个分支。高校可以依托学科优势,发挥师生的智慧,不断探索和创新大学生危机事件管理的理念、方式与方法,为社会公共危机管理提供借鉴。例如,在四川汶川地震后,许多高校利用心理健康教育的学科优势反哺社会,为灾区人民提供心理咨询和危机干预等服务。

三、大学生危机事件管理的成效观

成效是与目标密切相关的，成效就是达到目标的成果和效益。大学生危机事件管理的最终目标与学校管理目标相一致，即培养德、智、体、美全面发展的社会主义合格建设者和可靠接班人。

管理者管理水平的高低、管理策略是否得法、管理工作有无作为，是管理成效最重要的衡量标准。大学生危机事件管理的目的是否达到，需要进行成效评估。大学生危机事件管理的成效评估，是在大学生危机事件管理中，为实现一定教育目标和管理目标所取得的管理成果与所花费的管理成本之间的比率，即管理成效＝大学生危机事件管理成果/大学生危机事件管理成本。当成本一定时，成果越大，成效越高；当成果一定时，成本越少，成效越高。谁来进行大学生危机事件管理的评价？评价的内容有哪些？怎样进行评价？这些基本问题是对大学生危机事件管理成效评价的出发点。

（一）评价主体，即由谁来评价

大学生危机事件管理是一个系统工程，涉及学校工作的方方面面，还可能涉及社会的相关部门，对其成效的评价主体相应也是多方位的。大学生危机事件管理评价的主体可以是上级部门，也可以是学校的职能部门；可以是学校管理者，也可以是学生。我们借鉴360°多元主体评价机制，既要邀请危机管理专家的参与和评价，又要引入学生参与机制，注意发挥学生及相关利益者的评价作用。

学生是学校的主体，大学生危机事件与学生的切身利益密切相关，对危机事件管理的成效进行评价，学生具有绝对的发言权。我们须站在学生的角度，对大学生危机事件管理的成效进行评价。具体来说，在危机事件处理决策上，以大多数学生是否赞成、是否受益为依据，保护和尊重学生的利益。在危机事件处理上，深入学生，体察受害者的疾苦，把学生的需要当作第一选择，把学生的利益当作第一考虑，把学生的满意当作第一标准。

（二）评价内容，即评价的客体和标准

大学生危机事件管理成效评价的内容可分为"数量"和"质量"两个方面。"数量"是指大学生危机事件管理效率的高低，可以表示为：一是效率比例。包括大学生危机事件管理投入与产出的比例、单位时间内大学生危机事件管理活动的数量比例、单位物质投入的数量比例、无形损耗与大学生危机事件管理活动之间的比例，以及这种比例的发展趋向。二是频率大小和大学生危机事件管理活动节奏的快慢。包括大学生危机管理活动之间的时间间隔、危机发生与学校作出反应之间的时间间隔，以及这种频率变化的情况和趋向。三是环节多少。包括学校从开始进行大学生危机事件管理活动到危机处理完毕的时间间隔、步骤多少和所经过部门的多少。

"质量"是指学校进行大学生危机事件管理的态度、所使用的方法、管理能力及公众满意度，主要包括大学生危机事件管理是如何进行的，是否及时与准确，是否让学生感到方便，是否最大程度地降低了大学生危机事件造成的损失及管理后所产生的社会效果。例如，对学生生命和财产利益的重视、保护程度，学校责任的实现程度，师生及社会公众的满意度，等等。

当然，对于大学生危机事件管理的成效要多维度综合考虑，不能简单地以是否发生危机事件或发生危机事件的频率作为标准，因为大学生危机事件具有突发性与不可预测性，管理者即使做了大量的工作，危机事件最终还是可能发生的。

（三）怎样评价，即评价的方法

评估方法是否得当，直接影响评价结果的准确性、科学性。对大学生危机事件管理成效的评价方法很多，在此仅介绍最常用的三种方法。

一是量化评价法。即在评价的过程中运用数学的方法，将评价的内容分解为若干项目，并确定每个项目的最高分数，由评价者对各个项目进行评分，然后将各项所得的分数相加，用此再对大学生危机事件管理做出某种判断。

二是等级评价法。即按照上、中、下或优、良、中将评价目标分为几个

等级,由评价者做出判断。这种方法简单易操作,但比较粗略,不好掌握标准。

三是评语评价法。即对评价对象作出描述性的定性评价的方法。此评价方法简单易行,但具有一定的模糊性,且容易因评价者的主观印象及对评价对象的了解程度不同而存在一定的主观性和片面性。

四、大学生危机事件管理的事件观

如何看待大学生危机事件是大学生危机事件管理理念的重要组成部分,它决定着我们在大学生危机事件管理中的态度和处理方式。在现实生活中,人们对大学生危机事件一般作消极评价,认为大学生危机事件是发展不正常的病态现象,是由学校工作中的重大疏忽造成的,通过人为的努力完全可以避免的。

古人云:"物生有两""相反相成""祸兮,福之所依;福兮,祸之所伏",任何事物都是一分为二的。危机的降临并非都是坏事,危机诚然是毁坏现状的灾害,让人们付出沉重的代价,但是,如果处理得当,它又会成为创造新生的契机,为人们提供更大的补偿。所以,管理学领域认为,危机既是危险又是机遇,具有两重性,在处理危机的过程中,既有可能导致事态的进一步恶化,也有可能成为解决问题的契机[1]。我们可以三个方面来认识大学生危机事件。

(一)大学生危机事件是不可避免的客观存在

根据世界经验,我国已经进入危机高发时期(人均 GDP1000 至 3000 美元)。高校是社会的细胞,不可避免地会受到社会风险的影响。危机常态化理论认为,危机已经根植于当今社会的经纬之中,是我们日常生活中不可避免的社会现象,危机已由"非常态"的"情景"或者"事件",变成现代社会的"持续"状态。目前高校频发的大学生危机事件证明了其是客观存

---

[1] 耿依娜. 近年来国内校园危机管理研究综述 [J]. 黑龙江高教研究,2007(12):51-54.

在的，是当今高校不可回避的现实。

（二）大学生危机事件具有破坏性的负功能

负功能即消极影响。毫无疑问，危机对人是一种危险与威胁，任何危机的出现都会给人造成物质损失与精神困扰。危机的产生和发展，会给人类带来精神障碍，让人类付出沉重代价或加剧前进阻力等。

（三）大学生危机事件具有转"危"为"机"的正功能

危机作为社会的一种否定性发展状态，又内在地隐含着宝贵的机遇与机会。大学生危机事件的爆发在带来危害的同时，一方面，可以帮助学校和学生将自身的不安定因素释放出来，减少或者杜绝根本性的、颠覆性的社会危机爆发，在一定意义上充当了社会安全的"减压阀"；另一方面，提供了学校和学生自我更新、完善自身的契机，有助于提升学校处理现代复杂社会中随时可能出现的各种不确定性因素的能力。应对危机事件要通过监测、预警、预防、应急处理、评估、恢复等措施，抓住契机，使危机转化为机遇，将危机的负功能转化为正功能，延续发展或开启新的发展。

第三节 大学生危机事件管理的理念实现

一、大学生危机事件管理中的管理观

大学生危机事件管理的管理观指导着危机管理的发展。什么样的危机管理才是有效的管理呢？危机管理达到什么效果才算成功？有人认为，及时将出现的危机成功处置便是成功的危机管理。但是，大学生危机事件的发生、发展必定有一个过程，也必定会伴有许多异常的反应，如果没能在萌芽状态发现并解决，致使更严重的事件出现，这样的危机管理便是不成功的。在大学生危机事件的管理上普遍存在着"亡羊补牢"的现象，只重视最后结果，而没有意识到及时的危机预防和预警可将原本存在的危机控制在萌芽状态或减少危机造成的损失。

"凡事预则立，不预则废。"在大学生的危机事件管理中，管理的目的是使用少量的钱去预防，而不是等危机出现以后，再花大量钱去治疗，而预防管理则可以实现这一目的。危机预防是危机管理的第一道防线，它能够及时规避、转移风险，或迅速采取措施，使危机的风险降到最低限度。如果没有预防，大学生危机事件可能会由一个危机引发更多、更大的次生危机。

"以防为主"意味着两层含义：一是通过预测、预警、预控来防止危机事件的发生；二是通过采取预防措施，使无法防止的危机事件带来的损失减轻到最低程度。因而，以防为主并非一定要将危机事件完全防止，对无法防止的危机事件，采取预防措施使其损失减轻至最低程度，同样属于预防的内容。

无论何种类型的大学生危机事件，都有一个从量变到质变的过程，它以潜在的、渐进的形式发生、发展，而以突变的形式达到质变。我们可从树立正确的危机意识、拟定危机处置预案和构筑危机预警系统三个方面进行大学生危机事件的预防管理。

（一）要树立正确的危机意识

在学生的日常教育、管理和服务中，学校要时时刻刻抱着遭遇和应对危机的心态，预测可能面临的各种意外和突发情况，在心理上和物质上做好应对危机的准备，预先提出应对危机的对策，避免在危机发生后因疲于应付而危中添危、乱中增乱，或因束手无策而蒙受重大损失。培养危机意识要特别关注与学生相关的各种因素和变化趋势，及时发现危机前兆，超前决策，变被动为主动，尽可能地将危机消除在潜伏期或萌芽状态。

（二）拟定危机处置预案

拟定危机处置预案是危机预防管理的重中之重，也是有效防范危机的关键。危机处置预案应分析引发大学生危机出现的可能性因素，以及危机出现后对社会和学生产生的副作用，并针对引发危机的可能性因素制定应急应对措施和各种预防危机预案。危机处置预案包括危机管理的目标、策略、工作程序，以及方法、方案运行条件及资源配置等。另外，还要做好管理人员和学生的防危抗危培训工作，定期进行各种危机模拟演习，提高危机意识和临危应变能力，并检测方案的有效性。

（三）构筑危机预警系统

危机预警系统包括信息预警、组织预警和制度预警三个方面。在大学生危机事件频发的形势下，学校必须尽快建立健全重大危机事件信息预警机制和预警信息发布机制，对大学生各类危机事件进行及时预测和公告，并采取果断措施，把危机消灭在萌芽状态或控制在最小范围。学校要设立应对危机的常设机构，该机构的主要职责是全面清晰地对各种危机进行预测，运筹帷幄处理大学生危机事件，一旦出现危机征兆，则立即启动有关危机处置预案并监督预案的实施。学校还要制定一系列防范危机的制度，把危机管理纳入日常管理的核心内容，定期开展危机预防工作，分析危机信号，制定危机预防措施。

二、大学生危机事件管理中的学生观

学生观是人们对学生持有的基本认识和根本态度，正确的学生观是进行有效学生管理的前提。学生观变革的过程，就是用正确的、新的学生观取代错误的、旧的学生观的过程。我们曾局限于认识论的视野，对学生的生命意义、主体能力及其巨大潜能缺乏足够的认识和深刻的把握，导致学生观的简单化和浅层化。随着社会和时间的发展、理论研究的深入，学生观的内涵得到了极大的发展[1]。学生观的演变历程实际上贯穿了探寻学生主体地位的主线。新时期科学的学生观包括以下几个方面的内容：用全面的眼光看待学生；用发展的眼光看待学生；关注学生的个性，完善学生的个性；尊重学生的主体人格，培养学生的主体意识；树立平等的学生观，建立平等、民主的师生关系[2]。

---

[1] 周晓燕. 现代学生观与学校现代化发展的价值诉求 [J]. 现代教育论丛, 2005 (1): 21 - 24.
[2] 孙影. 树立科学的学生观 促进学生身心的全面发展 [J]. 宿州教育学院学报, 2005 (6): 55 - 74.

学生观直接影响大学生危机事件管理的目的、方式和效果，影响对大学生危机事件管理情感、手段的选择，影响管理的价值取向，影响学生的健康成长。大学生危机事件管理要体现以人为本的学生观，就应当确立凡事以学生为先、以学生为重的原则，体现学生的主体性和教育工作者的主导作用。

如何在大学生危机事件管理中体现科学的学生观呢？

（一）尊重学生

把学生当成一个有独立人格、个性，富于主动性和发展性的个体来培养，要尊重学生的个性，尊重学生的人格，尊重学生的合法权利，尊重学生的正当要求和选择。在大学生危机事件过程中，学生及其财物都可能遭到损害，学生是祖国和社会未来的希望，所有的财物只有运用于学生服务中才能体现出其价值。所以，在处理危机过程中，要始终树立以学生为本的思想。

（二）依靠学生

充分发挥学生的主观能动性，发挥学生的力量化解危机。学生是危机事件的受害者或利益相关者，或多或少会受到危机事件的消极影响。学生积极主动的配合是化解大学生危机的重要因素，在许多危机事件中，能够改变学生自身危机的唯有学生自己，正所谓"解铃还需系铃人"。学校需要对处于危机中的学生进行正确和科学的引导、教育和管理，争取学生的积极参与和配合。对于其他利益相关的学生，学校应向他们通报危机事件的相关信息，稳定他们的心理和情绪，营造团结、稳定的校园环境。尤其是在群体性危机事件发生时，更应如此，若处理不好，会使事态迅速扩大，引发更大的危机。学校要充分发挥党团组织的作用，发挥学生干部、党员骨干的信息桥梁作用、宣传教育作用和先锋模范作用，依靠、发动学生的力量及时化解危机。

（三）服务学生

高校学生事务工作者必须牢固树立为学生服务的意识，将服务学生的理念渗透到学生事务的每一个细节中去，要心系学生，从学生的切身实际出发，为学生提供切实帮助。大学生危机事件的管理要植根于学生之中，把学生的根本利益作为出发点和归宿，与学生同呼吸共命运；注重学生的尊严，发现学生的价值，挖掘学生的潜能，满足学生的需要，将学生个人的自我价值与社会需求有机结合起来；要保护学生的生命、保障学生的幸福，促进学生自由而全面的发展，使学生成为身心俱健、协调发展的生命个体。

同时，作为大学生本身，应努力提高对周围事物的客观认识，学会处理生活中的问题、困难和矛盾；要多与他人和社会接触，正确认识自己、客观评价自己；应积极深入社会实践，在实践中接受锻炼，面对困境积极寻求解决办法并总结教训，提升挫折耐受力，正确对待自身的各种际遇。

三、大学生危机事件管理中的价值观

价值是客体对主体的生存与发展所具有的作用和意义，价值有显性价值和隐性价值之分。显性价值是人们从事某一活动的直接目的，反映了这一活动区别于其他活动的特性，即本质属性的价值属性。而相对于显性价值的，这一活动在其他方面呈现出来的价值属性则是隐性属性。显性价值是形成隐性价值的基础，隐性价值是显性价值的延伸和验证[①]。

由于客观条件的限制或历史的原因，人们在大学生危机事件管理价值的认识上呈现出明显的层次性与渐进性。从历史的角度看，随着社会的发展，人们认识的深入，大学生危机事件管理的价值不断被拓宽。大学生危机事件管理的显性价值体现在对社会、教育和学生三个方面。

首先，大学生危机事件管理有利于社会和谐发展。目前，我国正处在改革关键期、经济转型期、矛盾多发期和危机易发期，高校作为社会公共组织机构和社会的有机组成部分，与社会的联系日益密切，对社会的影响越来越大。大学生危机事件特别是群体性危机事件，很容易导致社会不稳定，危及社会安定。所以，推进和谐社会建设，必然要求高校加强大学生危机事件管理。

---

① 彭玉昆，张捷. 教师劳动显性价值与隐性价值探析 [J]. 东疆学刊，1997 (7): 14–16.

其次，大学生危机事件管理有利于高等教育和谐发展。高等教育进入大众化阶段后，办学规模扩大，加之办学开放程度增加，诱发大学生危机的因素随之增多。构建一个和谐的校园环境和良好的外部环境，是高等教育和谐发展的必要条件。而大学生危机一旦发生，不仅有可能造成财产、人员的损失，而且还会严重破坏校园生活秩序，干扰正常教学运行秩序。因而，加强大学生危机事件管理，将危机化解在未发之际或消除在已发之初，有利于高等教育和谐发展。

最后，加强大学生危机事件管理有利于学生和谐发展。高等教育的根本任务是培养人、促进人的全面发展。以人为本、促进人的全面发展是和谐社会的最高价值追求，是危机管理的核心原则，也是建立大学生危机事件管理体系最根本的价值取向。大学生危机直接破坏学生的身心健康，影响大学生的和谐发展，加强大学生危机事件管理，可以避免或尽量减轻危机对学生的伤害，符合以学生为本的原则，有利于促进学生的和谐发展。

大学生危机事件管理除了显性价值外，还有很多隐性价值，在此仅论述其对辅导员队伍建设的价值。

一是提升能力。"打铁自身先要硬"，辅导员只有与时俱进，提高各种必备能力，才能赢得学生和他人的尊重。大学生危机事件管理不同于一般的爱心帮助，它具有医学、心理学、社会学、管理学的复杂性质，没有相关专业知识和技能则难以胜任。作为大学生危机事件管理人员的辅导员必须具备心理学、安全学、法律学、管理学及教育学等相关学科的知识，并能在实际工作中灵活运用，充分培养和强化自身的抗危机管理能力。所以，大学生危机事件管理可以从客观上促进辅导员不断学习，努力提升各项业务能力。

二是塑造形象。大学生危机事件是高校师生及社会关注的焦点，辅导员的责任心、工作态度及能力都会在大学生危机事件管理过程中充分显示出来，从而为辅导员提供一个施展能力和塑造良好形象的平台。事实证明，在当前高校频发的大学生危机事件中，辅导员发挥了重要的管理作用，体现了辅导员的工作价值，逐步塑造了一支"政治强、业务精、作风正、纪律严"

"召之即来，来之能战，战之能胜"的辅导员队伍。

三是认同价值。认同包括他人认同和自我认同。俗话说，有为才有位。辅导员只有在促进学校教学水平的提高、科研成果的产出以及为社会提供优质服务方面多做文章，才能在学校占有一席之地，找到应有的位置。辅导员通过大学生危机事件管理既可促进学生的健康成长成才，又可促进学校和社会的稳定与发展，必将得到社会的认可。近年来，社会各界对辅导员队伍建设的重视程度便是对辅导员价值认同的体现。当前，因为各种原因，部分辅导员存在不同程度的自我认同危机，阻碍了辅导员队伍建设的发展。大学生危机事件管理既可提升辅导员的能力，又可塑造其良好形象，在一定程度上增强了辅导员的自我认同感。

四、大学生危机事件管理的方法观

管理方法是指符合管理科学原理，能达成管理目标的模式、手段、措施等。管理方法有很多，包括行政方法、法律方法、经济方法、咨询方法、情感方法等。在经济全球化、意识多元化、信息社会化、追求多样化新的历史条件下，用什么方法能够科学而行之有效地预防和处理大学生危机事件，是高校学生事务及高校管理面临的新课题。以下就大学生危机事件管理中几种比较常见、常用的管理方法进行简单介绍。

（一）行政方法

行政方法是管理者依靠组织的权威及拥有的行政权力，采用强制性手段，按照组织系统的行政职权层次逐级下达指令，直接指挥和控制组织活动及下属的行为，以实现组织目标的一类管理方法[1]。行政方法是管理活动中最古老、最基本的方法，在各类管理中应用广泛、适用性强。

命令、指示、通知和规章制度等是大学生危机事件管理常用的行政方法，它们可能是学校上级部门或学校发布的，具有权威性、强制性、时效性

---

[1] 史璞．管理学哲理［M］．北京：机械工业出版社，2006：479．

和具体性等特点，明确规定下级的工作职责。我国大学生危机事件管理实行党委领导下的行政负责制，学校成立由主管学生工作的校领导任组长的应急处置工作领导小组，成员包括相关校领导及有关职能部门领导。在领导小组下，设有信息动态组、现场处置组、后勤保障组、事后处置组及领导小组办公室，一旦发生大学生危机事件，他们将按照行政要求严格履行其工作职责。

在大学生危机事件管理中，运用和发挥行政方法，须将下级的工作任务、工作方法、完成时限、职责权利明确化和具体化，便于下级按规定的要求执行。如果行政要求不明确、不详细或模棱两可，下级则无所适从，难以按质按量完成工作任务。

（二）法律方法

法律是人们行为的一般准则。法律方法即法治的方法，是运用有关法规来进行管理。法律方法在效力上更具权威性，在时间上更稳定，更具有广泛的约束力，即具有规范性、稳定性、防范性和平等性的显著特征。

目前，依法行政和依法管理的观念已渐入人心，依法治国成为我国社会主义现代化建设的基本方略。大学生危机事件管理的法律方法是指在大学生危机事件的预防、应急处置、善后处理等过程中依据法律法规及规章制度办事，做到遵守规章制度、程序规范合理。长期以来，我国高校习惯于常态管理，对危机事件处理缺乏经验，更缺乏相关法律法规的规范和约束。2002年8月教育部颁布《学生伤害事故处理办法》（以下简称《处理办法》），明确规定学校负有教育、管理、保护学生方面的义务和责任。但《处理办法》并未涵盖所有类型的危机，且属于部门规章，法律效力层次较低，难以取得很好的法律效果。而《教育法》《民法通则》《刑法》等也没有对学校危机管理作出明确、系统的规定。随着大学生危机事件的日益增多，如何依法管理大学生危机事件被提上议事日程。法律的诉求包括两个层面的意思：一是在学校职能部门职责范围内的学生危机事件管理，职能部门要依照学校相关规章制度，坚持公平、公开、公正的原则，做到程序规范合理；二是超出了学校管理职责范围的学生危机事件管理，如聚众斗殴、盗窃、网络犯罪等，必须移交公安、司法部门依照相关法律法规进行裁定。

国外大学生危机事件管理的经验证明，完善的立法为大学生危机事件的预防和应对提供了有力的法律保证，有助于政府和学校及时地把危机事件的后果控制在最低限度。以美国为例，美国的危机管理机构及其计划都是依法建立起来的，其权力来自于法律，一旦危机事件出现，相应的危机管理系统可以启动，无须哪一级行政部门专门赋予相应权力。这种体制的好处在于，各种危机事件能够被及时发现并且迅速地被遏制住，职能部门能够在第一时间对危机事件作出反应。

（三）教育方法

教育方法是对组织成员从德、智、体、美、劳等方面施加影响的一种软性管理培训方法，是其他管理方法的实施前提和重要补充。教育方法具有启发性、利益性、灵活性和长期性的特点。在大学生危机事件中，有相当一部分是因宣传教育不到位，学生不知情、不理解而导致的。开展危机教育是预防、控制和减少大学生危机事件非常有效的方法之一。

诱发大学生危机事件的因素很多，我们应有针对性地采取思想政治教育、法律教育、案例教育、实践教育、心理健康教育等多种教育方法预防和处理危机。通过开展人生观、价值观、理想信念教育，从学生思想深层解决问题，对政治性危机有较好的预防作用；开展形势与政策教育，让学生了解国际国内的时政热点问题，了解我国所处的形势与环境及大学生所面临的环境、需求和压力。管理者可选取一些具有典型性、代表性的大学生危机案例，如常见的防盗防骗、交通事故等案例，帮助学生强化危机意识和危机防范能力；加强生命教育和挫折教育，帮助学生树立珍爱生命的意识，锻炼学生克服困难的意志和心态；加强法律教育，增强学生的法治意识和观念，预防违法乱纪危机事件的发生；针对学生实习、实验、外出勤工助学等情况，定期为学生讲述安全知识，进行安全培训，并根据实际情况与实习或用工单位签订有关协议或购买人身意外伤害保险，做到未雨绸缪。例如：可以有意识地组织一些针对性较强的训练项目和模拟演练活动。

（四）心理危机干预方法

大学生处于生理和心理迅速发展时期，面对学业、人际关系等多方面的压力，加上生活环境中突发的危机事件和自然环境中突发的灾难性事件，都会极大地影响学生的心理健康。当前，大学生存在的心理问题主要有：个性心理脆弱，挫折容忍力低下；社会交往能力差，缺乏合作精神；不能正确评价自己，不敢正视现实；等等。心理状况不佳或有心理障碍和心理疾病的大学生逐年增加，据调查，大约1/4～1/3的大学生存在心理问题。面对这种不容乐观的局面，探讨心理危机干预的方法，探索学校心理危机干预的模式，及时、有效地干预学生的心理危机，建立并完善学校的危机干预体系在学校心理健康教育和学校管理中有重要的意义。

自20世纪80年代中期以来，我国高校的心理健康教育事业和心理咨询事业有了长足的发展。但是，有效地构筑危机干预体系，在认识理念、系统建构、途径、方法手段、其他保证条件等方面还有较大缺失。在大学生危机事件管理中，我们可以通过不同途径对大学生进行心理危机干预。

首先，建立完善的危机干预校园网络与运作机制。构建完善的校园危机干预体系，形成学生心理自助与助人的一级网络、辅导员和危机干预兼职人员组成的二级网络，学校心理咨询中心专业人员组成的三级网络，这是危机干预系统建设的主要内容。对大学生心理健康教育的内容涵盖学生学习生活的各个方面，覆盖自我认识与评价、生活适应与发展、人际关系与调适、智力发展与学业、情绪变化与调控、恋爱与升华等诸多方面的发展问题。

其次，帮助学生学会处理内部与外部的冲突。大学生的危机状况常常是由于细小的问题未得到及时得当的处理而逐渐积累形成的。当困扰达到威胁个体生活的程度时，就会导致当事人心理社会功能下降，个体就可能采取不恰当的方法来解决问题，以寻求摆脱，甚至出现自杀或攻击他人的危险。在高校中频频发生的大学生自杀或伤害他人的事件，大多是当事人在经历强大的或者持久的心理刺激时导致内部严重失衡所导致的行为。因此，通过心理危机干预途径，帮助大学生正确处理内外部冲突，及时化解矛盾，对大学生危机事件管理有重要作用。

最后，通过环境介入改善学生的社会支持网络。危机干预要整合高校心理辅导的危机处理、补救、预防和发展性等四种取向，使得学生能够有效地根据自己的即时需要使用学校的辅导资源；在整合的基础上改善学校的软环境，并且在必要时能够有效地调动家庭的资源，从整体上介入学生的成长过程，形成更好的支持性关系，完善学生的社会支持系统[①]。

管理实践证明，没有普遍通用的万能管理方法。所有的管理方法都要根据管理问题的性质、产生问题的背景条件、解决问题的目标要求进行综合考量、权变选用。管理方法也没有先进与落后之分，只有适用与不适用之别。在大学生危机事件管理中，采取何种管理方法取决于三个方面：一是解决问题的方法对症，应用效果确切显著；二是方法应用后对组织的副作用最小；三是方法的应用成本较低，应用简便。实际上，在大多数情况下，大学生危机事件管理往往是多种管理方法并用，教育、沟通、行政和法律等方法缺一不可，只不过在不同的处理阶段有所侧重而已。

---

① 张海燕. 高校学生心理危机干预建设的研究与实践 [J]. 思想理论教育，2005 (7)：114-116.

第三章　大学生心理危机事件的处置

早在20世纪90年代末，世界卫生组织专家就曾经指出，从现在到21世纪中叶，没有任何一种灾难能像心理危机那样给人们带来持续而深刻的痛苦，并断言从疾病发展史来看，人类已从"传染疾病时代""躯体疾病时代"步入"精神疾病时代"。科技进步神速，信息爆炸式涌入，文化冲突越来越突出，生活变化越来越快，危机事件层出不穷，这些都给现代人带来重重心理压力。身处社会之中的大学生也不例外。

第一节　大学生焦虑症危机事件的处置

一、焦虑症相关知识

（一）焦虑的表现及危害

焦虑是一种复杂的心理，它始于对某种事物的热烈期盼，形成于担心失去这些期待、希望。焦虑情绪本身并非是一种情绪困扰，适度焦虑有益于个人潜能的开发。如果一个人没有焦虑或是焦虑不足，就会导致注意力涣散，工作学习效率下降。所以，无论是听课还是上自习，都需要保持一定的焦虑。这里所说的焦虑是指自身的焦虑程度已经构成了对学习和生活的不良影响或干扰。过度焦虑往往会使人因过度紧张而产生注意力分散和工作学习效率的降低。焦虑不能只停留于内心活动，如烦躁、压抑、愁苦，还常外显为行为方式,如不能集中精力,坐立不安,失眠或经常在梦中惊醒等。大学生如果长期陷入焦虑情绪不能自拔,内心便会常常被不安、恐惧、烦恼等负面体验所影响,行为上会出现退缩、冷漠等情况。

焦虑情绪发生的原因是多方面的,可分为适应焦虑、考试焦虑、身体过分关注焦虑和选择焦虑。克服焦虑的方法也是很多的,主要有放松训练方法、改变认知方法、角色训练的方法等。

(二)焦虑症的调节

焦虑症主要还是看严重程度,严重的焦虑症患者需要考虑药物治疗,可以遵照医嘱,服用一些抗焦虑的药物,如利眠宁、多虑平等,但最主要的还是要靠心理调节。

一般轻度的焦虑症,可以考虑心理咨询,或者自我调节。了解自己是什么疾病,转移自己的注意力,多和别人交流,多交往,给自己宣泄的出口,才能得到改善。指导意见包括:要有一个良好的心态;自我疏导;自我放松;药物治疗。

二、危机管理

(一)危机预防

1. 高校方面

(1)辅导员必须24小时保持手机畅通,随时接听学生电话或者查看短信、微信。

(2)辅导员随身携带学生及家长的联系方式,以备不时之需。

(3)及时了解大学生的思想动态,对遭遇重大危机事件、有精神压力、思想负担的同学给予重点关注。

(4)在新生入学、期末考试前、毕业前做好心理摸底,对有明显焦虑症的学生进行帮扶开导。

(5)健全学生家长24小时值班制度,处理突发事件。

(6)保安加强巡逻,尤其是校园僻静或者事故多发地方,消除隐患。

（7）学校和学生家长保持紧密联系，充分掌握家庭情况，有助于辅导员有针对性地开展工作。

2. 大学生方面

（1）加强自我调节。要意识到自己的焦虑心理，然后正视它。有意识地在行为上表现得快活、轻松和自信，并运用注意力转移的原理，及时消除焦虑。

（2）如果情况严重，积极就医，通过药物来治疗，不要讳疾忌医。

（二）危机处置

（1）分析找出造成学生焦虑情绪的原因，对症下药，用亲情和友情的力量帮助学生化解心结。

（2）药物治疗、心理疏导都能在一定程度上减轻学生的思想负担，让学生可以有更好的心态积极面对工作和生活。

（3）适当的体育运动可以调节压力，放松身心。

（三）危机修复

（1）建立跟踪调查机制，实时掌握被焦虑困扰的学生的生活学习工作状况，一旦出现异常及时采取相应措施，控制事态发展。

（2）与家长做好沟通工作，督促家长配合学校和医生共同做好学生的后期引导工作。

（3）为学生创建轻松和谐的学习生活氛围，避免学生在学习生活中因曾经焦虑的经历而造成心理上的压力。

第二节　大学生抑郁症危机事件的处置

一、抑郁症相关知识

（一）抑郁的表现及其危害

抑郁是一种愁闷的心境，表现为情绪反应强度的不足。抑郁在大学生群体中较为普遍。例如，有些学生因为无法面对学业中的竞争和学习的压力，或是对于所学的专业不满意因而陷入忧郁的情绪状态，表现为对生活、学习失去兴趣，无法体验到快乐，行为活动水平下降，回避与人交往。严重者还伴有心境恶劣、失眠，甚至有自杀倾向。

特别需要提出的是，抑郁情绪与抑郁症之间既有联系，又有质的区别。前者属于一种不良情绪，需要的是心理上的调整；而对于后者，则属于精神疾病，需要及时到医院就诊。

抑郁的主要表现有：压抑、苦闷；负面自我评价，无价值，无意义，悲观失望；缺乏兴趣，依赖性强；反应迟钝，活动水平下降；回避交往；体验不到快乐，自卑，自责，自罪；身体出现不良反应（失眠、食欲下降、言语动作迟缓、乏力、面色灰暗、哭泣、叹息等）；自杀倾向。

（二）正确认识抑郁症与自杀的关系

许多自杀事件仿佛跟抑郁症有关系，事实上部分抑郁症患者确实有自杀想法。虽然有些抑郁症患者会有自杀想法和行为，但在其心底最深处仍然期待着有人能帮助他，告诉他一个继续活下去的理由。所以，预防以及获得必要的支持，对于防止抑郁症患者产生自杀的想法和行为有一定帮助和必要性。大多数抑郁症患者不会自杀而死亡，但与没有抑郁症的人相比，患有重度抑郁症的确会增加自杀风险。

自杀死亡的风险可能与抑郁症的严重程度有关。有关自杀和抑郁症的数据表明，在曾经接受过抑郁症治疗的人中，约有2%的人因自杀而死亡，在医院住院治疗过的抑郁症患者中，自杀死亡率是其两倍。这组数据说明若病情严重程度需要住院，而不是说住院会增加自杀风险。

二、危机管理

（一）危机预防

1. 高校方面

（1）及时了解学生的思想动态，对重点同学，如单亲家庭子女、孤儿、贫困生等进行重点关注，定期谈心谈话。

（2）每学期开学进行心理检测，并进行数据分析，对有明显抑郁症的学生进行帮扶开导。

（3）创造良好的文化生活环境，可以有意识组织重点学生擅长的活动，鼓励他们积极参与，培养学生积极向上的思想意识。

（4）对学生精神生活进行积极引导，避免学生产生极端思维和情绪。

2. 大学生方面

利用心理调节的方法进行自我调节。

（1）宣泄法。通过这种方法将内心不良的情绪表达出来，往往可以减轻情绪反应的强度，缩短情绪体验的时间，从而使得情绪可以较好地得以恢复。

（2）转移法。改变消极观点，把不愉快的活动转向愉快的活动，将消极观点进行调整，多想些开心、快乐的事情。

（3）任务分级法。把目标或活动分解成小目标或更小的行为定式，减少对自己的压力，其目的是使任务更简单化，以便能完成这些任务，从而获得成功的强化。

（4）改变自我评价。用积极的自我陈述取代消极的自我评价。

（5）充实日常生活。一般忙碌的人很少因为抑郁而精神崩溃，因为他们没有时间去享受这种"奢侈"。让自己忙碌，没有时间抑郁，这是把抑郁赶出心灵的一种好方法。

（二）危机处置

（1）构建心理预警机制，辅导员或心理咨询师对学生定期进行心理筛查，并进行数据分析，定期进行谈心谈话。

（2）当学生告诉辅导员自己有抑郁症，辅导员应该认真对待，不要妄加评论，立即帮助学生找专业人士进行诊断和治疗。

（3）若学生已经达到吃药的程度，监督学生按时吃药，早日康复。

（4）如果学生有伤害自己的危险，不要让该生离开，直到该生内心完全平复才可以离开。同时安排学生干部 24 小时监护，防止出现冲动自伤、自杀或者他杀的行为。

（三）危机修复

（1）为避免后期发生同样的事件，辅导员要做好持久战的疏导准备。首先要循序渐进地取得学生的信任，使学生对辅导员吐露心声，如果是男性辅导员面对女学生，可以求助女性辅导员同事或者学校心理咨询师，作为她的知心朋友，不能"短平快"。

（2）添加该生为 QQ 好友和微信好友，如果学生愿意，将该生特别要好的男、女性朋友添加为好友，随时关注该生和朋友的动态，深入他们的圈子，做到"三知"，知道学生在想什么、在哪里、在做什么，对下一步即将发生的事情，如自杀，有一个很好的预判。

（3）联系学生家长，现在很多问题学生出自单亲家庭或者再婚家庭，因此一定要和亲生父母沟通，得到亲生父母的授权，才可以进行有效交谈。

（4）充分发挥朋友作用，让该生得到更多的关心和爱护。

（5）督促该生按时就诊，按时吃药，更好地缓解病情。

（6）如果病情加重，严重影响自己和他人的学习和生活，建议学生办理休学手续，回家安心治疗，病情好转再复学。

第三节　大学生精神病危机事件的处置

一、精神病相关知识

（一）精神病概念

精神病是指在各种生物学、心理学和社会环境影响下，大脑功能活动发生紊乱，导致认知、情感、意识和行为等精神活动不同程度存在障碍的疾病。

精神病大致分为器质性精神病和功能性精神病。器质性精神病是指其异常的主因是由于中央神经系统有伤害和缺陷所导致；而功能性精神病是指后天由于环境的压力、性格和其他多种因素所导致。精神分裂症是常见的精神疾病。

(二) 精神分裂症

精神分裂症是一种病因未完全明了的重性精神病。全球有1%的精神分裂症患者在青壮年缓慢或亚急性起病，临床上往往表现为症状各异的综合征，涉及感知觉、思维、情感和行为等多方面的障碍以及精神活动的不协调。患者一般意识清楚，智能基本正常，但部分患者在疾病过程中会出现认知功能的损害。病程一般迁延，呈反复发作、加重或恶化，部分患者最终出现衰退和精神残疾，但有的患者经过治疗后可保持痊愈或基本痊愈状态。首次发病的年龄多在15~35岁，男女得病的概率差不多，不同的民族得病的概率也没有很大差别。

精神分裂症的临床表现有以下几种。

一是思维联想障碍。患者可能出现对词义的曲解和错用，还可能出现词义的转用，有时把两个或几个字缩合成1个词。

二是情感淡漠。表现为情感活动范围狭窄，严重者可达到淡漠地步，情感活动与当时的思维和处境不协调。

三是意志行为障碍。患者缺乏主动性，行为减少、退缩。患者对社交、工作和学习缺乏要求，表现为被动、行为懒散、发呆等，还可表现意向倒错、矛盾意向、违拗、被动扶持、蜡样屈曲、模仿言语、模仿动作或冲动行为。

四是幻觉和感知综合障碍。幻觉是精神分裂症的常见症状，特点是内容荒谬，脱离现实，以听幻觉为主，主要是言语性幻听、评论性幻听。

五是妄想。妄想结构松散，妄想对象和内容易于泛化多变，以被害、关系、影响、疑病妄想最为常见。

六是紧张综合征。明显表现为缄默、不动、违拗，或被动服从，并伴有肌张力增高。

二、危机管理

（一）危机预防

1. 高校方面

（1）作为工作在第一线经常接触学生的辅导员来说，做到防患于未然很有必要。精神疾病的发病多出现在每年的春季，因此在这个季节要特别关注学生的动态。

（2）积极沟通，尽早发现问题。高校每年可能都会出现个别类似精神问题的学生，对于这类学生及早发现并及时处理显得至关重要，因为有时他们一旦失去意识的控制便会具有一定的危险性：对个体本身会出现自残、自杀，对他人会有暴力行为等。因此应以学生为中心，积极引导，让学生通过主动或者被动的方式表达自我心理现状。

（3）选择合适的方式收集大学生心理状况信息，建立心理档案，进行跟踪和检测。

（4）建立家庭和学校相互促进模式，共同引导学生健康成长。

2. 大学生方面

（1）发现自己有异常，及时联系辅导员老师，请求给予帮助。

（2）发现同学有异常，及时联系辅导员老师。

（二）危机处置

（1）对疑似精神病学生先密切观察、调查并做出初步的判断，同时要保证学生的人身安全，以免出现自伤或伤他现象（如安排相关看护人员等）。

（2）及时上报上级领导并联系家长（首先告知家长学生在学校出现的状况；其次从家长那边了解学生更多情况，比如是否有家族病史、学生是否患有精神疾病等；最后让家长及时到学校来），同时联系学校心理咨询中心进行疏导。

（3）督促家长到校带学生去医院进行诊断，如若确诊，则需要家长带学生回去医治。

（4）在学生就医前或者家长到校前，辅导员要充分动员学生干部发挥朋友的作用，24小时关注学生动态，多方联动，确保学生安全。

(三) 危机修复

（1）如果需要长时间治疗，让家长办理相应的休、退、转学手续。

（2）保护学生隐私，避免学生治愈返校后给学生带来一些负面影响。

（3）辅导员和班团干部多关注学生动态，避免类似事件的发生。

（4）建立事件处理档案，及时总结工作经验。

第四节　大学生性心理障碍危机事件的处置

一、性心理障碍相关知识

(一) 大学生常见的性心理障碍

大学生的性心理发展总体来说是正常的、健康的，多数大学生能较好地调节性欲、性冲动，表现出符合社会规范又符合身心健康要求的性心理行为，能正常地对待两性行为，具有比较健康的性观念。然而比起心理发展的其他方面，大学生在性心理发展过程中的问题还是比较多的，由此引发的性困扰、苦恼和适应不良非常多，以下是发生在大学生中较为常见的性心理障碍。

1. 性心理成熟带来的心理障碍

男女大学生性心理发育已基本成熟。遗精和月经是人成长过程中必然出现的自然和正常的生理现象，但由于相当部分大学生缺乏正确认识，仍然会出现焦虑紧张等不良情绪。有调查显示，男大学生对遗精的情绪反应感到"羞愧""厌恶""不安""困惑"的共占16.7%，女大学生对月经的情绪反应感到"紧张""厌恶""不安"和"情绪低落"的共占60.5%。一些大学受"一滴精十滴血""遗精会大伤元气"的错误认知影响，还有的男大学生认为遗精是自己思想肮脏、卑鄙所致，因此对遗精感到恐慌担忧，焦虑不安，甚至干扰睡眠，导致神经衰弱，出现失眠、头晕、头痛、耳鸣等，这些症状又在一定程度上加剧了心理负担,个别大学生因此产生了较为严重的心理障碍。月经是女生走向性成熟的标志,也是一种自然的生理现象,相当多的女大学生随着月经的周期性变化,其食欲、性欲、情绪、记忆力等方面的心理活动都有可能会发生不同程度的变化,有的还会有诸如头痛、疲乏、腹痛等身体不适感。部分女大学生还可能出现痛经、烦闷、焦虑、易怒或者沉默寡言、消极忧郁甚至恶心、呕吐等经前的紧张综合征,使自己的学习和生活受到较为严重的影响。

2. 性体像带来的心理障碍

随着青春发育,男女出现了第二性征,体像发生了很大的差异,如男性身材高大、语调浑厚,女性身材丰满、语调柔媚,这些体像特征对异性产生了很大的吸引力,每个青少年都希望自己在这些方面具备一切优点,如果以第二性征为重点的体像不尽如人意,而且很难将它改变时,就会出现烦恼和忧虑情绪。有的女同学为自己的乳房过大或过小而忧虑。

3. 性意识带来的心理障碍

我国大学生的年龄多在 18～23 岁,就其生理和心理发展过程而言,他们已经进入了性生理成熟和性心理趋于成熟的阶段,因此,在大学生活阶段出现诸如仰慕异性,渴望与异性相处,有时会有意无意地想到性的问题,甚至会产生性幻想、性梦等各种心理活动。

性幻想又叫性的白日梦和精神"自淫",是大学生中比较普通和正常的心理活动。性梦是指个体进入青春期后,在睡梦中出现的带有各种性内容色彩的景象。有的人因为性梦或性幻想而认为自己是不道德的、罪恶的、卑鄙下流的,进而感到羞耻、自卑、注意力不集中,甚至焦虑不安;有的人由于频繁性幻想或性梦,进而影响休息、睡眠和体力的恢复,严重的还会导致神经衰弱,给大学生的身心带来不利影响。

4. 性行为带来的心理困扰

大学生的性行为主要是自慰性行为、边缘性行为和婚前性行为。在大学生中自慰性行为(手淫)是构成心理困扰的重要原因之一。

手淫是青春期成熟的一种生理表现，是解除因性紧张而引起的躁动、不安的一种自慰方式，适当地手淫对身体是无害的，但一些夸大手淫害处的宣传，使部分大学生感到紧张不安、自责、担忧、羞愧和焦虑。

边缘性行为是指男女之间除性交以外的所有两性行为，它既包括男女拥抱、接吻、相互抚摸，又包括两性之间的鸿雁传情、互赠信物、眼送秋波、花前月下的散步、互慰的言语交流等。在大学中，与恋爱情感发展深度和相适应的边缘性行为虽已基本上被大学生所接纳，但一旦发生，仍会使他们感到不安。

婚前性行为目前是很多大学生能接受的，但是发生婚前性行为后，部分男生往往产生严重不安、自我否定和恐惧焦虑，部分女生往往不能摆脱失贞心理，从而给双方心理罩上阴影。由于缺乏避孕措施，大学生性行为极易导致怀孕，所以双方事后总是担心、焦虑、不安，甚至恐惧。

5. 性压抑带来的心理障碍

大学生性机能成熟，对性需求更加强烈，而性心理却未完全成熟，对各种性现象、性行为的认知评价还不完善，一些大学生对性冲动持否定、抵制的态度，采取压抑方式。性压抑的结果不仅有碍于性心理的健康发展，严重者还会导致性变态和性过错。有变态心理的大学生时常自卑、焦虑、不安、恐惧，担心自己的变态行为被他人发现和耻笑，往往在人格上表现怯懦、卑微、缺乏自信。

（二）当前大学生性心理、性行为的影响因素

1. 性冲动

性冲动本身是正常的，性冲动与限制其宣泄的社会规范之间有冲突也是正常的，性冲动可能引起性心理失调的真正原因还在于其与社会道德规范内化而成的"性罪恶""性淫秽"等观念之间的冲突。这种冲突的影响往往难以消除，它所带来的消极心理也很难消除。

2. 性态度

当前大学生的性态度相比二三十年前已经发生了巨大的改变，随着改革开放和外国文化进入国内市场，许多影视作品带给当代大学生一些开放的思想观念，性开放似乎成为一种"时尚"，但是该观念仍需要引导和改善甚至是不提倡。婚前性行为对于许多心理还不够成熟、不能善后其事的大学生而言，引起各种矛盾冲突危害心理健康是必然的结果。许多大学生用表面上的性开放来表现自己的独特性，但是内心却矛盾重重。

3. 社会及校园环境

社会和校园是大学生生活的主要场所，这两个场所关于性的主流观念影响当前大学生的性心理和性行为。社会上"一夜情"的多发，校园里性行为的发生，都对当代大学生的性心理和性行为有一定的不良影响。与此同时，社会上缺乏责任性行为的曝光，也对大学生的心理品质发生着潜移默化的影响。

二、危机管理

(一) 危机预防

1. 高校方面

（1）高度重视性道德教育，帮助大学生完善人格特征，正确引导学生有正常的性心理。

（2）通过多种渠道宣讲，加强婚姻法制观念教育。

（3）在生物学和医学层面上进行相关知识普及，学习自助方法，认识性心理学障碍与人格或道德败坏的本质区别，消除歧视。

（4）强化思想道德教育，帮助学生树立正确的人生观。

2. 大学生方面

大学生健康的性心理不是自然而然就形成的，它需要大学生有意识、有目的地自我培养。

1）科学掌握性知识

作为大学生，应该对"性"有一个科学的认识。性是一门综合性的科学。它包括性生理学、性心理学、性社会学、性伦理学、性美学等，大学生应当努力学习和掌握科学知识，避免性无知，消除把性仅仅看作是生物本能的片面认识。

2) 培养健康的人格

性是人格的完善。性，不仅仅决定于生物本能，一个人对待性的态度，反映了一个人人格的成熟。人自身的尊严感和对他人是否尊重，都会在两性关系中充分体现出来。

(1) 要自爱自信。认同自己的性别角色，性别角色意识是一个人社会化成熟与否的重要体现，是心理健康的重要标志。世界是两性的和谐统一，男性和女性在生理和心理上各有自己的特点，各有自己的性别魅力，现代社会的大学生应当在生物生理、社会心理和文化、经济、政治上建立合乎科学、合乎道德、合乎时代要求的全面角色认同感。性别角色的认同是现代人成功适应和发展的重要心理基础，尽管现在社会上对同性恋存在着各种不同的看法，但人们对同性恋所引起的社会适应困难的看法是相当一致的。因此大学生应当接纳和欣赏自己的性别角色，展示出适应时代要求的优秀个性特点。

(2) 要对性行为负有社会责任感。如果性行为只停留在手淫、性梦等方式的自我宣泄上，它不会影响他人，但是如果性行为涉及另外一个人，那么便涉及许多社会责任，性行为可以给另一方造成心理和肉体上的伤害，可以产生第三个生命，这将意味着另一个人的生活，也将影响自己的生活。尊重他人，尊重自我，对自我的行为负起责任，大学生要增强自己的性道德和性法律意识，用道德和法律规范自己的行为。

(3) 要培养良好的意志品质。大学生自我控制性心理能力的大小，在一定意义上是由个人意志品质的强弱决定的。意志作为达到既定目的而自我努力的一种心理状态，具有发动和抑制行为的作用。尽管有的青年人有很强的性冲动，尽管在外界性刺激的情况下，人会急于寻求性的满足，但是，人不同于动物，人有意志力，人可以抑制和调整自我的冲动。那些放纵自己的人往往缺乏坚强的意志品质。鲁迅先生曾经说过："不能只为了爱，而将别的人生意义全盘忽略了。"为了自己长远的幸福和个人成功的发展，应当努力培养自己良好的意志品质，克服一时的性冲动。

（4）积极进行自我调节。每个人都应该尊重任何一个他人的存在价值；每个人都应该以希望他人如何对待自己的方式去对待他人；每个人发展自尊与自重都应该建立在良好的人格标准基础上，即责任心、诚实、善良，并对自己的道德能力有信心。性欲是正常的和健康的，而且性欲是可以控制的。

（5）要正确控制性冲动。对于性冲动，除了给予适度控制外，还可以采取一些积极的、富于建设性的、符合社会规范的方式，来取代或转移性欲。通过投入学习、工作和参加各种文体活动，以及男女正常交往等各种合理途径，陶冶个人情操。大学生们要尽量避免影视、报刊、网络上的过强的性信息刺激，抵制黄色书刊的不健康影响。

（6）要克服遗精恐惧和月经焦虑。对于遗精和月经，不必太紧张。男生要正确对待遗精，经常清洗床单、内裤和性器官，保持好个人卫生。女生要了解月经规律，减少经期中的不良精神刺激，努力调控自己的情绪，愉快度过经期。

（7）要正确对待手淫、白日梦和性梦。要通过性知识学习，克服手淫引起的心理障碍。大学生不必因为手淫而自责，但是过分沉溺于手淫，只靠频繁地手淫来缓解性紧张是不健康的表现，应当通过丰富多彩的精神生活和恰当的异性交往来平衡自己的性心理。对于白日梦和性梦不必担心，青年人应当通过追求更高层次的需要，来缓解自己的性心理，减少白日梦和性梦。

（8）要正确对待童年性游戏带来的心理冲突。性游戏是儿童对待性好奇而玩的游戏，儿童在游戏时往往还不具备道德意识。因此不必给儿童性游戏的经历进行道德评判，对自己过分谴责。但是大学生已经有了道德认识和判断能力，不能把性游戏的行为延续到成年的生活之中。

3）文明适度地进行异性交往

文明适度地进行异性交往，可以满足青年期性心理的需求，缓解性压抑，异性交往有益于扩大信息、完善自我，对个人的恋爱婚姻及个人的成才发展具有重要的作用，但大学生在异性交往时要把握分寸，注意场合，规范行为，处理好友情与恋爱的关系。

4) 对性骚扰的自我保护

首先，大学生应当维护自己的自尊、自重、自爱的形象，做到举止大方，行为得体，作风正派，衣着打扮不轻浮。其次，大学生应当学会自我保护。女生尽量晚上不要单独外出，更不要单独在男性家中长时间停留。面对异性的非分要求，不要畏惧，要勇敢地说"不"。要以严厉的态度制止和反抗性骚扰，必要时向别人呼救或向公安部门寻求帮助，对于性骚扰的经历，不要过分恐惧和自责，因为你是无辜者，为了尽快地排除自己的心理困扰，可以同父母、老师、知心朋友宣泄一下自己的情绪，也可以寻求心理咨询的帮助。

5) 寻求心理咨询

在心理咨询室中，性不再是一个难以启齿的问题，同学们可以尽情地宣泄心中的郁闷。根据不完全统计，在大学生们前来咨询的问题中，与异性的交往问题占据了一半以上的比例。其中大部分或多或少地有有关性的困惑，如当遇到性骚扰时，可以坦然寻求心理咨询。

(二) 危机处置

(1) 学生性心理困扰如果情节不严重，未违反校规校纪的，应及时对该生进行心理疏导，给予密切关注，指导就医。

(2) 如果侵害者对他人造成了伤害，违反了校规校纪，但未构成违法犯罪的情况，应将批评教育与心理辅导相结合，并对患者与受害同学进行双向辅导。

(3) 如果侵害者对他人造成了严重伤害，甚至构成违法犯罪，应尊重受害者报警等合法权益，并配合警方做好取证工作，指导患者就医鉴定。如判定有刑事责任，则应严格按照校规校纪及相关法规处理。

(三) 危机修复

(1) 保护性心理困扰学生的隐私，如果其行为有侵害性，也要保护好受侵害学生的隐私。

（2）对患者、受害者进行长期的心理疏导，确保他们能健康地生活和学习。

（3）注意网络舆论，学校信息技术中心要随时监测，避免对性心理困扰学生施加过多的道德舆论压力，防止发生过激行为。

（4）及时通过媒体或者其他途径正确发声，消除后续恐慌心态与舆论影响。

第四章　大学生健康危机事件的处置

常言说"身体是革命的本钱",可见拥有健康的体魄不仅是自身良好精神面貌的体现,更是承担起家庭、社会责任,为祖国为人民服务的有力保证和前提条件。高校必须增强当代大学生对身体健康的重要性的正确认识,使当代大学生能够深刻认识身体健康对将来发展的重要影响,自觉自发地锻炼和养成良好生活习惯,从而强健体魄。由于高校规模大,学生人数众多,因为身体不健康而导致危机事件的发生有其必然性,如过度疲劳猝死、传染病危机等。但如何恰当事前预防、事中处置和事后转"危"为"机",减少乃至避免负面影响,是高校必须关注与研究的问题。

第一节　大学生传染病危机事件的处置

一、校园传染病相关知识

(一) 传染病

传染病是由各种病原体引起的能在人与人、动物与动物或人与动物之间相互传播的一类疾病。病原体可以是细菌、真菌、病毒或寄生虫等。病原体可使被感染者免疫力降低,严重的会导致死亡。这些病原体感染(例如病人、病畜)给他人时,病源在人或动物感染的个人和对方的同时,让别人也能感染同样的病。

(二) 大学校园最常见的传染病

1. 新型冠状病毒感染

2020年1月20日，经报国务院批准后国家卫生健康委发布公告，将新冠肺炎更名为新型冠状病毒感染。

根据现有病例资料，新型冠状病毒感染主要表现为发热、干咳、乏力等，少数患者伴有鼻塞、流涕、腹泻等上呼吸道和消化道症状。重症病例多在1周后出现呼吸困难，严重者快速进展为急性呼吸窘迫综合征、脓毒症休克、难以纠正的代谢性酸中毒和出凝血功能障碍及多器官功能衰竭等。值得注意的是重症、危重症患者病程中可能出现中低热，甚至无明显发热。轻型患者仅表现为低热、轻微乏力等，无肺炎表现。从收治的病例情况看，多数患者愈后良好，少数患者病情危重。老年人和有慢性基础疾病者愈后较差。儿童病例症状相对较轻。

由于新冠病毒感染是病毒性传染病，因此预防措施非常重要。主要预防措施包括。

（1）保持良好的个人及环境卫生。

（2）勤洗手，使用肥皂或洗手液并用流动水洗手，不用污浊的毛巾擦手。双手接触呼吸道分泌物后（如打喷嚏后）应立即洗手。

（3）出入公共场合佩戴口罩，尽量不到人多拥挤的场所。

（4）每天多次开窗通风（冬天要避免穿堂风），保持室内空气新鲜。

2. 艾滋病

艾滋病是一种危害性极大的传染病，由感染艾滋病病毒（HIV病毒）引起。HIV是一种能攻击人体免疫系统的病毒。它把人体免疫系统中最重要的CD4T淋巴细胞作为主要攻击目标，大量破坏该细胞，使人体丧失免疫功能，导致人体易于感染各种疾病，并可发生恶性肿瘤，病死率较高。HIV在人体内的潜伏期平均为8~9年，在潜伏期内，可以没有任何症状地生活和工作多年。

HIV每天都摧毁大量的免疫细胞，而骨髓则通过加速生成新的细胞来加以补偿，但是，新细胞的补充速度总是赶不上细胞损失的速度。在正常人体内，每立方毫米血液中有 800~1000 个免疫细胞，而感染者体内，每立方毫米血液的免疫细胞以每年 50~70 个的速度逐渐下降，当免疫细胞减少到在 1 立方毫米血液中只有 200 个左右时，下降速度就会加快。

艾滋病是一种病死率极高的严重传染病，目前还没有治愈的药物和方法，但可以预防。它主要通过性接触、血液和母婴三种途径传播。在日常生活和工作中与艾滋病患者及艾滋病病毒感染者接触不会感染艾滋病。洁身自爱、遵守性道德是预防经性途径传染艾滋病的根本措施。正确使用避孕套不仅能避孕，还能减少感染艾滋病、性病的危险；及早治疗并治愈性病可减少感染艾滋病的危险。共用注射器吸毒是传播艾滋病的重要途径。因此要拒绝毒品，珍爱生命；避免不必要的输血和注射，使用经艾滋病病毒抗体检测的血液和血液制品。关心、帮助和不歧视艾滋病患者及艾滋病病毒感染者是预防与控制艾滋病的重要方面。

3. 结核病

结核病是由于结核杆菌侵入人体引起的一种慢性传染病，可能发生在人体的任何部位，以肺部最为多见。

（1）结核病的传染。传染性肺结核患者在咳嗽、咳痰、打喷嚏或大声说话时会喷出带有结核杆菌的飞沫，这些飞沫被健康人吸入后就有可能造成感染。

（2）结核病的前期症状。如果连续咳嗽、咳痰 2 周以上或伴有咯血、低热等症状就应怀疑是否得了肺结核病，要及时到有关医疗单位检查。

（3）结核密切接触者的筛查。对于近期内与患者有密切接触史的人员，首先了解是否有可疑肺结核症状，并且均应进行 PPD 检查和 X 线胸片检查。

4. 乙肝

慢性乙型肝炎（简称乙肝）是指乙肝病毒检测为阳性，病程超过半年或发病日期不明确而临床有慢性肝炎表现的。临床表现为乏力、恶心、腹胀、肝区疼痛等。肝大，质地为中等硬度，有轻压痛。病情重者可伴有慢性肝病面容、蜘蛛痣、肝掌、脾大，肝功能异常或持续异常。根据临床表现分为轻度、中度和重度。而慢性乙肝携带是指乙肝病毒检测为阳性，无慢性肝炎症状，1年内连续随访3次以上血清AL和AST均无异常，且肝组织学检查正常者。

2017年10月27日，世界卫生组织国际癌症研究机构公布的致癌物清单，乙型肝炎病毒（慢性感染）在一类致癌物清单中。

乙肝是一种危害较大的严重传染病，但可以通过接种乙肝疫苗和其他措施预防。一般通过血液、母婴和性接触三种途径传播，日常生活和工作接触不会传播乙肝病毒。乙肝病毒携带者在工作和生活能力上同健康人没有区别。乙肝病毒携带者在生活、工作、学习和社会活动中不对周围人群和环境构成威胁，可以正常学习、就业和生活。目前，乙肝病毒感染尚无理想的特异性治疗药物，医学科技领域亦尚未攻克有些媒体广告宣传的"转阴""根治"等难题。乙肝病毒携带者应定期接受医学观察和随访。乙肝患者要规范治疗、定期检查。

5. 麻疹

麻疹是由麻疹病毒引起的一种急性呼吸道传染病，以发热、咳嗽、流涕、眼结膜充血、口腔黏膜疹及全身斑丘疹为临床特征，并常可并发肺炎。

麻疹是通过呼吸道飞沫途径传播，患者是唯一的传染源，麻疹传染性极强，传染期一般为出疹前5日至出疹后5日，有潜伏期第七日起已具传染性，但以潜伏期末到出疹后一两日传染性最强。患者若并发肺炎，传染性可延长至出疹后10日。经衣服、用具等间接传染者甚少。

多发于冬春季节，其他季节也有散在发生。未患过麻疹又未接种过麻疹疫苗者普遍具有易感性，尤其是6个月至5岁幼儿发病率最高（占90%）。近年来成人发病有增长趋势。患病后可获得持久免疫力，第二次发病者较少见。

发现麻疹患者应立即做疫情报告，并进行呼吸道隔离至疹后5天，有并发症者延至10天。凡接触患者的易感儿应检疫3周，并根据情况给予自动免疫或被动免疫，接受免疫制剂者，应延长检疫至4周。在麻疹流行期间，应大力宣传患者不出门，医药送上门，易感儿不出门，集体机构加强晨间检查，对可疑者应隔离观察。

6. 流行性感冒

流行性感冒（简称为流感）是流感病毒引起的急性呼吸道感染，是人类至今尚不能有效控制的世界性传染病，也是我国重点防治的传染病之一。它是由流感病毒引起的急性呼吸道传染病，传染性强，传播速度快，容易发生大面积流行，甚至是世界性大流行。

流感是通过飞沫传播的，多发于冬春季节，以经常形成局部或大规模的流行为其主要特征。此症传播力极强，且易引起肺部感染。流感患者是主要的传染源，自潜伏期即有传染性。

流感流行的特点是突然发病，发病率高，迅速蔓延，流行过程短，但能多次复发。

（三）传染病传播具备的三个基本条件

1. 传染源

有些人和动物的体内存在病原体，并且病原体还可以继续生存、繁殖并能排出体外，这样的人和动物称为传染源。包括传染病患者、病原携带者和受感染的动物。病原体往往将传染源作为感染其他弱势群体的载体。

2. 传播途径

传播途径指病原体离开传染源之后，感染传播到其他易感者经过的途径。

3. 易感人群

对传染病无特异性免疫的人群被称为易患感染性疾病的易感性人群。该人群的感染程度，依赖于易感个体在整个人群中的比例及脆弱程度。由于儿童和青少年身体发育和个人卫生习惯不完善，免疫功能尚未建立形成完整的免疫力，自我防护能力较差，因而更容易受到传染性疾病的感染。因此，儿童和青少年受传染性疾病的影响较大。

二、危机管理

（一）危机预防

1. 高校方面

高校要形成传染病事件的监测、预警与报告制度，做好预防工作。

（1）监测。每天监测学生身体状况，凡是因生病请假的，必须有病历，根据病历做好系统记录，随时跟踪回访。

（2）预警。按照医疗保健、疾病预防控制、卫生监督机构发布的信息，教育系统可参照传染病的规律和特点，在危害公众健康的程度报告中提供可能的趋势，及时做出预警。也可利用监测网络，对产生的预警信号做出初步的处理措施。

（3）报告。首先，在学校阶段，通过实时扫描症状监测信号，对达到阈值的学校进行风险提示，之后，经学校确认无误逐级上报至区县级、市级管控机构，达到预防疾病扩散和蔓延的目的。

2. 大学生方面

（1）掌握传染病的相关知识，加强预防传染病的意识。

（2）做好寝室清洁卫生，勤换衣服、勤扫地、勤开窗等。

（3）养成良好个人卫生习惯，做好个人卫生，个人物品不混用。

（4）增强体育锻炼，提高身体抵抗力。

（5）可以定期进行疫苗的接种，以此来预防传染病。

（二）危机处置

1. 及时医治

及时将传染病患者送医治疗，联系家属，做好相关工作。

2. 控制传染病蔓延

高校要严格控制传染病，因为传染病的传播必须同时具备前文所提到的三个条件——传染源、传染途径和易感人群，才可形成传染链。因此想要控制传染病在校园环境的蔓延，也必须针对这三个条件采取相对应的预防和控制措施。

（1）管理和控制传染源。传染源是感染性疾病的主要病因，可以在防治传染源的情况下，达到控制和消除感染性疾病的目的。学校是大学生聚集且长时间学习生活的场所，因此一旦发现传染源，应及时迅速采取隔离等防控措施。

（2）切断传播途径。传播途径是传染病的传输通道，切断传输，可以控制和根除主要传染性疾病。遗留在宿主体内的病原体，可以通过咳嗽产生的飞沫、蚊虫、水质污染、输血等途径传播。控制蚊虫可以预防疟疾，改善饮食和健康可以减少痢疾和伤寒，尤其在校园环境中，开窗通风、避免与患者密切接触、戴口罩等措施，可以有效地防止呼吸道传染病经空气传播。

（3）保护易感人群。保护易感人群，可以有效控制和减轻可能存在于人群中的传染病和感染性疾病的流行的烈度。人群易感度越高，表明该群体发生重大疫情的可能性越大，如果同时有感染源的输入，并且具有合适的传输路径，则可能会导致暴发。

3. 当传染病事件终止后才解除警戒

传染病事件应急反应的终止需要符合以下几个条件。

（1）传染病事件隐患或相关危险因素已经消除，或末例传染病病例发生后经过最长潜伏期没有新的病例出现。

（2）特别重大传染病事件应该由国家级卫生部门组织有关专家进行分析论证，提出终止应急反应的建议，并报全国突发公共卫生事件应急指挥部批准后实施。

（3）特别重大以下级别的传染病事件由地方各级政府、卫生行政部门组织专家进行分析论证，提出终止应急反应的建议，上报本级政府批准后实施，并向上一级政府卫生行政部门报告备案。

（4）上级政府、卫生行政部门要根据下级政府卫生行政部门的请求，及时组织专家对传染病事件应急反应终止的分析论证提供技术指导和政策支持。

(三) 危机修复

（1）加强对患有传染病学生的心理疏导。

（2）加强对学生的教育管理，引导他们正确预防传染病。

（3）媒体进行正面发声，让学生不要恐慌，进行正常的学习工作和生活。

（4）教育全体学生注意清洁卫生，多通风、勤洗澡、勤换衣等，提倡垃圾下楼，不要在楼道堆放垃圾，避免老鼠、蟑螂等的繁殖。

第二节 大学生过度疲劳危机事件的处置

一、过度疲劳相关概念

(一) 疲劳和过度疲劳

疲劳是一种主观不适感觉，但客观上会在同等条件下，失去其完成原来所从事的正常活动或工作的能力。

过度疲劳是指由于工作时间过长、劳动强度过大、心理压力过重导致精疲力竭的亚健康状态。它最大的隐患是引起身体潜藏的疾病急速恶化，如导致高血压等基础疾病恶化，引发脑血管病或者心血管病等急性循环器官障碍，甚至出现致命的症状。

一个人经常加班、熬夜、休息不好，时间长了就会导致焦虑、失眠、记忆力减退、精神抑郁，甚至引发抑郁症和精神分裂症。如果这种疲劳持续6个月或更长时间，身体就可能会出现低烧、咽喉肿痛、注意力下降、记忆力减退等症状。而且，非常严重的长期性疲劳很可能就是其他病症的先兆。

人们常说的"过劳死"实际是长期过度的劳累，引发人体心力衰竭、肺衰竭、肾衰竭、心肌梗死、脑溢血等病症并造成猝死。这种猝死的死因主要是冠心病、主动脉瘤、心瓣膜病、心肌病和脑出血，与一般猝死没什么不同。只不过这些病的潜在性使过劳者忽略，以致酿成严重后果。但若没有过度劳累这个诱因，猝死可能就不会发生。

（二）疲劳度自查

（1）打不起精神。该阶段人体吸入的氧气量减少，血液中氧气浓度与血糖值下降，于是身体发出警戒，告诉你"我已经疲劳了"。

（2）昏昏沉沉。该阶段的人不但身上没劲儿，而且整个人都昏昏沉沉的，甚至还会莫名沮丧。

（3）浑身酸痛。这时的人会感觉体力透支，早上不愿起床，肩膀、背部、腰部等总是酸痛疲倦，皮肤暗沉，暴瘦或肥胖，焦躁易怒，有人还会拉肚子，体温低，睡觉磨牙。

（4）开始得病。除了身上疼痛外，还会有青春痘、口腔溃疡、牙周病、胃炎、便秘与食欲不振等症状，甚至还会轻度抑郁。特别提醒，这个阶段的人应及时到医院体检。

（5）癌症潜伏。如果不重视疲劳的前四个阶段，任由其发展，40岁后大病就会不时缠身，颈椎病、胃病、冠心病等都可能找上门，甚至癌症也会悄悄侵袭。

（三）大学生如何防止过度疲劳猝死

防止过度疲劳猝死，要养成良好生活习惯，坚持做到以下几点，便会保持一个健康的体魄，更好地学习和生活。

1. 必须吃一顿营养的早餐

很多大学生不喜欢吃早餐，然而早餐是激活一天脑力的燃料，不能不吃。许多研究指出，吃一顿优质的早餐可以让人在早晨思考敏锐、反应灵活，并提高学习和工作效率。研究也发现，吃早餐的人比不吃早餐的人不容易发胖，记忆力比较好。

2. 每日蔬果

1991年由美国国家癌症研究院和健康促进基金会，共同推动全民营养运动。根据调查，多吃蔬菜水果的人，可以减轻癌症与心脏病的风险。建议把蔬果放在最容易看到、随手就可以拿到的地方，提醒自己多吃蔬果，也可以把蔬果切丁，当作点心，代替那些会令人发胖的饼干、零食。

3. 每日运动 30 分钟

许多研究指出，每天运动 30 分钟就可以得到运动的好处，包括预防心脏病、糖尿病、骨质疏松、肥胖、忧郁症等，甚至有研究指出，运动可以让人感到快乐，增强自信心。如果很久没有运动，可以循序渐进，慢慢增加时长与强度，例如可以从最简单的走路运动开始，每天快走 20～30 分钟，持续走下去，一定能感受到许多好处。

4. 用牙线剔牙

用牙线剔牙，不只可以降低蛀牙的概率，还可以保护心脏。根据美国牙周病学会指出，患牙周病的人比一般人容易患冠状动脉疾病。

5. 把大自然带进屋内

静听雨打树叶的声音，或望着鱼儿在水中游的模样，都能给人安详宁静的心境。专家指出，与大自然相融的感觉可以减轻压力。因此在寝室种植盆栽，或养一缸鱼都是不错的方法。

6. 戒烟

抽一根烟会产生超过 4000 种化学物质，其中约 40 种会致癌，吸烟者死于肺癌的人数是不吸烟者的 16 倍。戒除吸烟的习惯，不仅对自己的健康有利，也是对旁人爱的表现，因为二手烟比一手烟还有毒，已被 WHO 列为头号致癌物质。二手烟也会增加儿童气喘的次数，加重病情。

7. 吃饭时把手机关掉

大学生吃饭喜欢一边吃一边抱着手机看视频，看小说，等等。这样通常会引起不消化，导致肥胖，因此最好关掉手机，专心地吃饭，好好享受桌上的食物。

8. 要学习也要娱乐

只知埋头学习，容易热情缺乏，不妨放轻松一点。准备一本剪贴簿，收集漫画、笑话等幽默的材料，每天不时拿出来翻翻，让自己开怀大笑几声，也可以在学习以外培养一些兴趣，因为缺乏娱乐，是很难为自己打气的。

9. 让自己有好睡眠

好的睡眠品质比睡眠时间的长短更重要。以下几个步骤可以让你睡得更甜美。

(1) 先整理床铺，把棉被、枕头打理到最舒适的状态。

(2) 以自己最自然、最舒适的姿势躺好。

(3) 躺平后，做几个深呼吸，让自己放松下来。然后用感觉从头到脚扫描一遍，看哪个部位紧绷，再试着放松下来。

(4) 如果心里还想着工作，可用数数法，想象自己呼吸时，把负面的情绪、吐出去，然后把正面的能量吸进来，来回呼吸几次，直到心情平静。

(5) 全身心放松，渐渐入睡。

二、危机管理

(一) 危机预防

1. 高校方面

(1) 加强对学生的教育、引导和管理，纪律上严格要求，生活上细致关心。

(2) 增加体育课，增强大学生身体素质。

(3) 分配工作合理，不能让学生有太大的压力，并随时监督进度。

2. 大学生方面

充分认识到身体素质的重要性，增强体育锻炼，提高身体素质。

1) 充分认识增强体育锻炼的意义

大学生在体育课和参加体育活动时频发个别学生猝死案例，可见身体素质和身体状况实在令人担忧。体质是智育、德育的载体，好的身体应是教育的第一个环节，必须强化大学生的健康意识，强化大学生的体能锻炼，提高学生的身体素质，让大学生本人充分认识身体健康的重要性，养成坚持锻炼身体的良好习惯。毛主席曾向全国人民提出"发展体育运动，增强人民体质"的号召，今天看来仍然有现实指导意义。

2）充分认识大学生体育锻炼的优势

中学生和已参加工作的人相比较，大学生的空余时间相对充裕，拥有更多的时间去锻炼。大学生正处于体育锻炼的最佳年龄（25 岁前），身体的各项生理指标处于上升阶段，包括肌力、肌耐力、心肺功能、骨骼肌肉等在这一时期锻炼效果最明显，同时效果可以保持很长的时间。另外，学习和体育锻炼相辅相成，并不冲突，每天只需要抽出 1~2 小时，坚持下来就会有非常好的健康效果。

3）了解锻炼对大学生健康成长的益处

（1）焕发青春的活力，展现良好的精神风貌，给人一种朝气蓬勃、奋发向上的感觉。

（2）缓解学习和生活的各种压力，使大学生心理健康。

（3）使人开朗，多结交朋友，提高与人交际能力。

（4）健康的身体是学习、工作的保证，是为祖国、为人民服务的前提条件。

（5）关系个人未来的发展，健身使人有良好的体形、气质风度，对应聘、面试有着很大的影响。

4）认识锻炼或健身对身体的具体益处

（1）坚持锻炼会大大降低患心脑血管疾病的概率，30~60 分钟的有氧运动可提高抵御病毒和传染病的免疫力。

（2）各种健身会改善体形，调节体重，20 分钟的力量练习可显著改善情绪。

（3）在进行高强度力量练习后的 12 小时内新陈代谢率增强。

（4）20 分钟低强度的有氧运动可减轻焦虑情绪。

（5）锻炼可激发创造力，坚持锻炼还可以改善睡眠。

（6）适度运动不会使胃口大开，激烈运动会使饥饿感推迟 15~30 分钟，因此不必担心运动后胃口好使体重增加。

（7）有氧运动或力量练习均可提高对疼痛的耐受力。

（8）在固定自行车上进行中等强度训练后可立即降低体内的低密度脂蛋白质水平，同时增加高密度脂蛋白质水平，这种作用将持续 24~48 小时。

（二）危机处置

（1）如遇学生抽搐或者昏迷不醒时，立即联系 120 进行抢救，并通知家属，从家属口中了解该生以前的病史，方便 120 抢救。

（2）如过度疲劳只是表现在精神方面，定期找学生交心谈心，进行心理疏导，引导学生爱上体育锻炼。

（3）发现有过度疲劳的苗头，主动采取措施制止。如果是学习或工作压力太大，主动联系负责人减轻强度；如果是因娱乐而疲劳，辅导员根据学生管理办法严肃处理。

（4）在媒体上合理发声，正面宣传危机事件的原委，不要引发大家的恐慌。

（三）危机修复

（1）充分发挥班团干部作用，让他们帮助辅导员充分发现问题、解决问题。

（2）对过度疲劳人群进行定期心理疏导，并对其进行生命教育。

（3）班级活动多增加体育项目，强身健体。

（4）与家属协商处理好善后事宜。

（5）加强宿舍巡逻，督促学生夜晚准时睡觉、早上按时起床。

（6）增强任课老师、辅导员、学生干部等的责任心，随时掌握学生动态。

第三节　大学生性病危机事件的处置

一、性病相关知识

（一）性病

性病，传统观念是指通过性交行为传染的疾病，病变主要发生在生殖器部位，包括梅毒、淋病、软下疳、性病性淋巴肉芽肿和腹股沟肉芽肿五种。性病是在世界范围内广泛流行的一种常见传染病，并呈现流行范围扩大、发病年龄降低、耐药菌株增多的趋势，尤其是随着艾滋病的大幅增加，性病已成为严重的公共健康问题。性病的防治工作将是一个十分艰巨而长期的任务。

1975年，世界卫生组织把性病的范围从过去的五种疾病扩展到各种通过性接触、类似性行为及间接接触传播的疾病，统称为性传播疾病。目前性传播疾病的涵盖范围已扩展至包括最少50种致病微生物感染所致的疾病，其中包括传统的5种性病及非淋菌性尿道炎、尖锐湿疣、生殖器疱疹、艾滋病、细菌性阴道病、外阴阴道念珠菌病、阴道毛滴虫病、疥疮、阴虱和乙型肝炎等。我国目前要求重点防治的性传播疾病是梅毒、淋病、生殖道沙眼衣原体感染、尖锐湿疣、生殖器疱疹及艾滋病。

（二）性病常见病原体

1. 病毒

可引起尖锐湿疣、生殖器疱疹、艾滋病。常见的有单纯疱疹病毒、人类乳头瘤病毒、传染性软疣病毒、巨细胞病毒、EB病毒、肝炎病毒、艾滋病病毒等。

2. 衣原体

可引起性病性淋巴肉芽肿、衣原体性尿道炎、宫颈炎。主要是各种血清型的沙眼衣原体。

3. 支原体

可引起非淋菌性尿道炎。包括解脲支原体、人型肺炎支原体。

4. 螺旋体

可引起梅毒的致病微生物为梅毒螺旋体。

5. 细菌

可引起淋病、软下疳。常见的有淋病双球菌、杜克雷嗜血杆菌、肉芽肿荚膜杆菌、加特纳菌、厌氧菌等。

6. 真菌

可引起外阴阴道念珠菌病。致病微生物主要为白色念珠菌。

7. 原虫和寄生

可引起阴道毛滴虫病、疥疮、阴虱病等。这些病原体广泛存在于自然界，在适宜的温度下生长繁殖而发病。

(三) 传播途径

1. 性行为传播

同性或异性性交是性病的主要传播方式。其他性行为如口交、指淫、接吻、触摸等，也可发生感染。

2. 间接接触传播

人与人之间的非性关系的接触传播，相对来说还是比较少见的，但某些性传播疾病，如淋病、滴虫病和真菌感染等，偶尔在特定情况下可以通过毛巾、浴盆、衣服等用品传播。

3. 血源性传播

梅毒、艾滋病、淋病均可发生病原体血症，如受血者输入了这样的血液，可以发生传递性感染。

4. 母婴传播

孕妇患有梅毒时可通过胎盘感染胎儿；妊娠妇女患淋病，羊膜腔内感染可引起胎儿感染。分娩时新生儿通过产道可发生淋菌性或衣原体性眼炎、衣原体性肺炎。

5. 医源性传播

医务人员防护不严格而使自身感染；医疗器械消毒不严格，病原体未被杀死，再使用时可感染他人；器官移植、人工授精等操作也会发生感染。

6. 其他途径

如媒介昆虫、食物和水等在性病传染中意义并不重要。

二、危机管理

（一）危机预防

1. 高校方面

（1）通过讲座、线上线下等多途径宣传性病相关知识，让学生们真正入脑入心，最大限度地避免感染性病。

（2）教育学生树立正确的恋爱观和婚姻观，不能乱性。

（3）增强女生自我保护意识，教育引导女生掌握基本自救技能。

2. 大学生方面

（1）大学生要洁身自爱，不要胡乱发生性关系，避免"一夜情"和出轨，为自己和他人负责任。

（2）如果不小心患上性病，请保持良好的心态，很多患者是自己吓自己，加速自己的死亡。

（3）如遇突发事件，需掌握基本的自救技能，如戴避孕套等。

（二）危机处置

（1）积极帮助学生联系相关专业医院进行医治。

（2）对事发学生进行心理疏导，告诉学生积极配合治疗，一定会痊愈，同时不要有报复社会的心态，在病愈前，不要和其他人发生性关系，以免多一个受害者。

（3）辅导员和家长沟通，做好对家长的心理疏导，让家长照顾好孩子，注意孩子的一举一动，以防二次危机事件的发生。

（4）充分发挥朋友的作用，安排学生干部24小时轮流看护，帮助学生早日康复。

（5）征求本人和家长意见，是否需要报警，如果需要，协助学生和家长进行相关工作。

（三）危机修复

（1）召开性教育主题班会，引导学生能正确认识性病的严重性，如果有性生活，必须做好保护措施，以免染上一些疾病。

（2）尽量找到性病的原因，如果传播来自本校大学生，对该生也共同给予正确的帮扶，进一步控制事态的发展。

（3）保护学生的隐私，不得到处传播，以免影响学生正常生活和学习。

（4）修复孩子和家长的关系，辅导员要做他们之间的润滑剂。通过危机事件，部分家长会认为孩子不检点，导致孩子与家长有隔阂，不利于后期教育。

第五章 大学生学业危机事件的处置

大学生学业危机事件一般是指学生因受到退学或开除学籍处理而引发学生个体或学生家庭危机的事件。主要表现是受处理的学生个体和学生家庭在生理、心理上都会受到重大影响，也给社会稳定带来相应的负面影响。

第一节 学分退学危机事件的处置

进入大学后，大学生的学习环境有别于高中，以较为宽松的自主学习为主，容易使一些学生在学习上产生松懈，严重者会出现因考试不及格、课程重修累积到一定程度时被退学处理等情况。高校学生工作者应注重引导学生，帮助学生摆正心态，做好预防和处置工作。

一、学分退学危机事件相关知识

（一）学分退学

大学生学分退学危机事件是指大学生因学习动机、学习基础、学习习惯、学习纪律等主客观原因，引起的可能导致学业无法完成、受到学业警示等的事件，主要是补考后不及格或学分未超过 25 学分而不得不退学（各校均有自己的规定）。

（二）事件特征

大学生学业危机事件最突出特征是不可逆性。事件发生后，当事人由于不能接受和无法面对现实可能破罐子破摔,出现滞留学校或离校不回家等现象,情况严重的甚至会出现激情自杀等行为,给本人、家庭、学校带来不良影响或严重后果。

二、危机管理

(一)危机预防

大学生学业危机事件预防主要从以下几个方面抓起。

1. 建立上课考勤制度

在学生旷课现象的初期阶段,按照校纪校规及时处理,避免达到因旷课过多而只能退学的程度。

2. 加强班风学风建设

从新生入学开始抓起,提高学生对学风建设重要性的认识,加强学风监督力度。年级辅导员、班导师要经常深入寝室、课堂,适时与学生交流、解除疑惑,奠定良好的学风基础。同时组织开展学校文化社团活动,吸引大学生对健康、科学、积极的娱乐活动和学习生活的兴趣,摆脱大学生对网络的依赖。

3. 完善学习成绩分析制度

每学期考试结束后,辅导员、班导师要通过各种渠道了解学生考试情况,督促有不及格科目的同学利用假期认真复习,准备补考。在补考仍不及格的情况下,要帮助学生分析原因,结合学校相关政策,争取重修合格。

4. 实施"三对一"跟踪帮扶机制

对于补考后仍有不及格课程的学生,可以指定一名教学老师(一般为班导师)、一名学生辅导员和一名班级学生干部组成帮扶小组,督促和帮助其学习。

5. 开展"学长带班"活动

由于学生生源地基础教育水平不一,大学生进校后在相关课程学习中难免存在语言交流困难、基础知识储备薄弱等问题,可以聘请高年级学生为班导师助理，积极开展"学长带班"活动，通过学习方法交流会、学长经验介绍等形式促使学生适应大学学习生活，掌握大学教育教学规律解决以上问题。

6. 落实家校互动联系机制

及时将学生的在校学习状态、学业成绩情况通报家长，做到学校教育和家庭教育相结合。

7. 加强对特殊群体学生的重视程度

针对家庭困难、网络成瘾等特殊群体学生，要加强重视程度，建立相关学生的跟踪帮扶档案，实时掌握学生的心理动态，并制订详细的帮扶计划，确保上述特殊群体学生能够正常学习。

(二) 危机处置

处理因学分退学的学生，需根据学籍管理规定处置。学校根据相关规定按规定程序下达退学决定；学院通知学生家长来校协助办理子女退学事宜；辅导员、班导师做好退学学生的思想工作；班级干部关注退学学生的情绪与行为，确保退学学生在办理离校手续前平稳过渡；学院在学生家长到校后宣布学校的退学决定并协助办理退学手续。

(三) 危机修复

学生因学分退学事件发生后，需做好如下善后工作。

(1) 学校未作出处理决定前，辅导员要系统整理该生的在校学习成绩情况、在校表现情况的文字材料，掌握该生的全面信息。

(2) 通知学生家长，介绍该生在校的具体情况以及将面临的学分退学情况，请家长来校协助处理学生学业问题。

(3) 在学生家长未来校之前，辅导员要先跟学生进行一次面谈，全面掌握学生对此次退学处理的看法，甄别学生的情绪是否稳定，是否会产生过激行为。

(4) 安排同班同寝室同学，做好思想工作，随时报告其行踪，确保学生安全。

(5) 辅导员、班导师安抚学生，做好学生心理疏导工作，避免发生极端事件。

（6）待家长来校后，副书记再行宣布学校决定，做好相应解释说明工作，并要求家长办理学生离校手续并带领学生离校。

（7）原则上要求学生家长必须到校办理学生退学手续，若家长因故不能到校，辅导员必须与家长进行电话沟通，并由家长将同意办理退学手续授权书通过传真或邮件发至学校，并附带家长的身份证复印件及手写签名，然后按要求办理离校。

（8）学生档案、户口应在办理离校手续时一并转走，避免事后造成麻烦。

学生学分退学危机事件的发生和发展，是一个量变到质变过程。因此，学生干部、班导师和辅导员要在日常教育管理中对有此类问题倾向的学生加强教育、引导、说服、劝诫、警示等工作，将学生学分退学隐患消除在萌芽状态。

从主观来看，这类学生学习上的困难应是在低年级时由于学习基础不扎实、对大学教育教学规律认识不够、学习上精力投放不足造成的。大学期中、期末的考试是检验学生学习效果的有效手段，分析学生学习成绩是辅导员主动引导教育学生的主要途径，在大一第一学期的考试成绩揭晓后，要对成绩出现不及格学生进行原因分析、方法调整、学习督导，并结合下一学期课程安排及难易程度提出相应要求，帮助学生顺利完成大一学业。进行每学期考试后的成绩分析，结合学习困难学生的实际情况，建立相应的督导帮扶机制，对于避免发生学分退学危机事件具有较强可行性。

第二节 旷课退学危机事件的处置

在高校，大学生旷课现象时有发生。缺乏兴趣、学习纪律意识淡薄等成为学生旷课的重要原因，部分学生对旷课本身的严重性认识不足，导致旷课累积到一定程度时被给予退学处理。高校学生工作者要意识到大学旷课现象的持续性和累积性，防患于未然，及时消除旷课危机事件的隐患。

一、旷课退学危机事件相关知识

（一）旷课退学

大学生旷课退学危机事件是指因学习动机、学习习惯、学习纪律、突发事件、心理状况等主客观原因引起的，学生经常性旷课或者旷课次数达到处理规定课时，依据学校规定应予以退学处理的事件。主要是指学生在一学期内因旷课受到纪律处分，经批评教育不改，继续旷课，一学期累计旷课达到一定学时，给予开除学籍处分。

（二）事件特征

大学生旷课退学危机事件的最突出特征是过程的持续性和累积性。大学生旷课退学危机并非突然发生的事件，是在一段时间内逐渐累积到一定程度而发生的危机事件。如某高校规定，学生未经准假一学期累计旷课达 24 学时的，给予警告处分；累积旷课达 30 学时的，给予严重警告处分；累计旷课达 36 学时的，给予记过处分；累计旷课达 48 学时的，给予留校察看处分；经批评教育不改，继续旷课，累计旷课达到 90 学时的给予开除学籍处分。

二、危机管理

（一）危机预防

大学生旷课退学危机事件过程的持续性和累积性决定了其存在可控性，这类事件的预防主要从以下几个方面抓起。

1. 帮助学生树立良好的学习生活习惯

刚入学的大学生大多不能及时适应大学相对宽松的管理环境，若不加以引导，极易形成晚睡晚起的习惯，从而导致学生缺课现象严重，因此从新生入学开始，便要积极引导督促，帮助大学生树立良好的生活和学习习惯，使他们学会合理地安排作息时间，培养健康的生活方式。

2. 培养良好的班风学风

班集体活动是大学生学习生活的主要形式，班级的氛围对学生个人学习习惯的养成有很大影响，要培养积极向上的班风和严谨务实的学风，用集体的力量带动个人的学习，培养大学生严谨的纪律观念、浓厚的学习兴趣和良好的学习习惯。

3. 建立上课考勤制度

要执行严格的课堂考勤制度，实时掌握学生的出勤状态，及时发现旷课的学生，在学生出现旷课现象的初期，按照校纪校规及时处理，避免达到因旷课过多而退学的程度。

4. 建立跟踪帮扶制度

对于出现旷课现象的大学生，要及时进行跟踪帮扶，首先要帮助其找到旷课的原因，然后在此基础上制定相应的跟踪帮扶措施，确定帮扶人员，通过外在监督，促使学生逐渐回归课堂。

5. 通知家长

及时将学生学习表现及学业成绩情况通报家长，做到学校教育和家庭教育相结合。

（二）危机处置

处理因旷课退学的学生，需根据学生手册和学籍管理规定处置。因旷课达到退学条件的学生，由学院出具相关的记录材料和处分文件，上交学生工作部；学生违纪处理委员会审查讨论决定后，由本科生院根据相关规定下达退学决定；学院通知学生家长来校协助处理子女退学事宜；辅导员、班导师做好旷课退学学生的思想工作；班级干部关注退学学生的情绪与行为，确保退学学生在办理离校手续前平稳过渡；学院在学生家长到校后宣布学校的退学处分决定并协助办理退学手续。

（三）危机修复

学生旷课退学事件发生后，需做好如下善后工作。

（1）学校未作出处理决定前，通知学生家长，来校协助处理学生学业问题。

（2）在学生家长未来校之前，做好思想工作，辅导员、班导师安抚学生，避免出现极端事件，确保安全。

（3）待家长来校后，副书记再宣布学校决定，做好相应解释说明工作，并要求家长办理学生的离校手续并带领学生离校。

（4）学生档案、户口应在办理离校手续时一并转走。

学生旷课退学危机事件，是一个量变到质变的过程，因此，学生干部、班导师、辅导员要在日常教育管理中对出现旷课现象的学生加强教育、引导、说服、劝诫、警示等工作，逐步消除学生旷课退学隐患。

当前在校大学生受社会因素的影响较大，大学生群体出现一些新特征，如个性鲜明、自主意识强、热衷于网络、自尊心强、自立性差等，这些特征导致部分自制力差的学生思想容易出现偏差，对学业不感兴趣，学习目标不明确，在学习的过程中出现因为谈恋爱、沉溺网络游戏、晚睡晚起等导致的旷课现象。因此，要在大学生入学时加强引导教育，帮助其树立学习目标，度过充实而有意义的大学生活。

第三节　违纪违法开除危机事件的处置

一、违纪开除危机事件的处置

因纪律意识淡薄或存在侥幸心理而违反国家和高校相关规定的行为在大学里时有发生，严重违纪学生通常因违纪事件受到开除处分。如何消除学生因违纪退学而产生的危机是摆在高校教育工作者，特别是学生思想政治教育工作者面前的一项重要而紧迫的任务。

（一）违纪开除危机事件相关知识

1. 违纪

违纪主要指高校大学生做出与《普通高等学校学生管理规定》（教育部

第33号令)和《国家教育考试违纪违规处理办法》以及各高校制定的具体管理规定相抵触的行为。当前高校大学生违纪行为主要包括日常行为违纪和考试违纪两大类。

1) 日常行为违纪

日常行为违纪包括以下几大类。

(1) 违反学习纪律的行为。学生在未经准假的情况下，一学期累计旷课达到一定学时的，根据不同程度予以相应的处分。

(2) 破坏学校公共秩序和安全的行为。比如在公共场所酗酒、哄闹、故意摔砸酒瓶等扰乱公共秩序的行为；在规定的学习和休息时间内，进行各种有碍他人学习和休息的活动且不听劝阻的行为；煽动、组织聚众闹事，严重影响学校教学秩序、生活秩序以及公共场所管理秩序的行为；拒绝、阻碍国家工作人员或者学校管理人员依法依校规执行公务的行为；提供伪证，伪造或者涂改证明、证件等弄虚作假的行为；在校期间未经学校许可到江、河、湖、塘、水库等地游泳的行为；违反学校管理规定，擅自在宿舍及其他公共场所使用明火、私拉电线、违反规定使用电器或者电热设备，并造成一定损失的行为；不服从学校住宿管理规定，擅自在宿舍外租房住宿的行为；在校内或者法律法规规定的场所之外进行宗教活动的行为等。

(3) 打架斗殴、寻衅闹事的行为。包括不守秩序，用语言或者其他方式挑动打架，虽未动手打人但实际引起了打架后果的行为；因殴打致他人身心伤害但程度较轻的行为；动用器械伤人的行为；以劝架为名，偏袒一方使打架事态恶化造成不良后果的行为；故意为他人打架提供凶器的行为等。

(4) 网络行为违纪。主要是指通过计算机设备或者网络故意发布和传播反动、违反社会公德（如淫秽制品等）、欺诈信息或窃取他人账号、财务，以及有价值的数据等行为；故意篡改、删除或破坏单位和个人计算机的文件造成损失的行为；故意制造、传播或者恶意使用计算机病毒或者充当黑客攻击他人计算机或者网络的行为等。

(5) 从事或参与有损大学生形象、有损社会公德的行为。包括在宿舍留宿异性或在异性宿舍留宿以及多名男女混居的行为；调戏、侮辱或者以其他方式严重骚扰他人的行为，参与三陪、卖淫、嫖娼的行为以及吸毒的行为等。

2）考试违纪

考试违纪指的是高校大学生在参加校内外各级部门、学校举办的各类考试中，不遵守考场纪律，不服从考试工作人员的安排与要求的行为。其中考试舞弊是考试严重违纪的一种表现。

我们把因为上述一些违纪行为而导致退学的现象称为违纪退学。近年来，我国高等教育在深化改革的推动下，取得了可喜可贺的成绩，与此同时高校大学生违纪现象时有发生，因违纪而退学的人数也在逐渐增加。因此，高校必须正视这一问题，妥善解决大学生违纪开除危机事件。

2. 事件特征

（1）考试违纪是当前高校大学生违纪退学的首要原因。考试作弊不但影响学校对学生学习效果的考察，影响对学生评价的公平性，影响学校人才培养的质量，影响一所学校良好教学风气的形成，更影响到社会的诚信建设。对大学生自身而言，作弊的负面心理效应对个体心理健康的成长极其不利。

（2）大学生违纪现象的突发性提高。目前一些在校学生往往以自我为中心，很难去考虑别人和理解别人。有时就因为别人的一句话、一个眼神，就发生打架等违纪事件而导致退学。

（3）由心理问题引起的违纪现象增多。目前高校中许多学生因为违纪（并未达到直接退学的程度）受到批评教育，出现心理问题，产生厌学情绪而主动退学。

（4）大学生违纪的隐蔽性增强。目前高校实行学分制，学生在宿舍的自由度增大，造成学校对部分违纪行为不能及时发现，甚至难以发现。

（5）大学生违纪具有年龄和性别差异。根据相关调查显示，低年级的整体违纪率要相对高些，毕业生违纪相对较少。由于一年级学生刚刚到校，处于适应新环境的过程中，相对老生来说，其行为要收敛些，算比较"听话"的一族；而二、三年级学生对环境比较熟悉，思想上趋于稳定，在学习、生活、人生、事业等方面都有自己独立的思考和看法，但波动比较大，比较容易产生两极分化，在思想和行为上放松对自己的要求，所以违纪事件增加；而相对来说大四的学生的人格比较成熟和稳定，知道违纪事情发生的后果，比较能够控制自己的行为。从性别上来说，大学男生整体违纪比例要高于女生。

（6）大学生违纪事件具有扩散性。大学生大都处于未成年阶段进入成年阶段的转变期，心理上还未"断乳"，容易对一些不良行为进行模仿。当这些稚嫩的学生进入到一个新的环境中时，很容易模仿同班同舍的同学、老乡和学长的学习态度、学习方法和行为习惯，于是在大学校园内常常出现学习上"老生怎么学就怎么学"，在遵守校规校纪上同样也是"向老生看齐"，一些老生也乐于传授自己的违纪经验，这很容易导致"从良则良，从莠则莠"。

（二）危机管理

1. 危机预防

大学生违纪开除危机事件的预防主要从以下几个方面着手。

（1）加强对学生思想政治教育。通过加强思想政治教育，使学生能够正确认识理解党的政策，树立民主法制观念，自觉遵纪守法，自觉维护学校、社会的稳定，树立正确的人生观、世界观和价值观，坚持集体主义的道德原则。提高学生个性品德修养，提高心理健康水平和心理调适能力，做到自尊、自爱、自律。

（2）加强校纪校规教育。尤其是针对新生要加强校纪校规学习，这种学习不是停留在口头和纸面上，而是要通过各种活动比如班会学习、专题讲座、年级会和自主学习等形式使同学们对校纪校规有正确而深刻的认识。

（3）加强对学生的管理工作。加强学生宿舍的管理，努力营造良好温馨的宿舍氛围。宿舍既是学生政治思想、道德品质等多种才能培养的重要园地，也是学生发生违纪行为的场所，因此要加强学生宿舍制度建设。此外，要强化整个学校和学院的学风建设。学风是院风、校风的核心所在，只有良好的学风，才有良好的育人环境。要形成良好的学风，就要从严格的规章制度入手，对于违纪的行为要严肃处理，同时对于好的典型要积极宣传，健全激励机制，从正面积极引导学生成长成才。

（4）重视心理疏导，提高学生心理素质。心理素质不好是引发违纪事件发生的重要原因之一，因此要积极开展心理健康教育，重点关注存在心理问题的学生，通过心理咨询、举办讲座、团体活动等形式加强心理辅导，帮助他们正确认识和处理相关心理问题，使他们逐渐形成良好的心理品质。

（5）重视对违纪开除危机事件的系统研究。加强对学生的管理力度和对学生工作的研究力度，增强学生管理工作的预测性和针对性。通过深入学生，掌握学生的思想动态，了解他们的心理，及时发现学生的思想变化，预测学生违纪的苗头和趋势，及早采取措施，做到防患于未然。通过调研，深入了解和掌握学生违纪行为的特点和规律，加以总结和提炼形成报告，并上升到理论高度，最后用成熟的理论来指导学生管理工作。

2. 危机处置

学生因违纪开除事件发生后，为了保证学生的人身安全，需要考虑全面，谨慎地进行处置。

（1）辅导员应与学生本人做好沟通，让学生如实填写相关违纪事实的材料，并做好学生本人的思想工作，整理好相关的违纪事实材料。

（2）学院应该根据学生的违纪事实材料，结合辅导员对情况的了解以及学生的认错态度，给予客观公正处理，记过以下处分由学院作出，并报学工部备案；记过以上处分则由学校学生违纪处理委员会作出。

（3）学院辅导员应将学校或学院处分决定材料及时送达学生本人，并告知学生本人在规定时间内具有申诉的权利。

（4）学校未作出处置之前，学院要及时联系学生家长并要求家长来校协助处理好学生违纪开除事件。

（5）在学生家长来校以前，安排寝室同学、班级干部共同做好学生的思想工作，密切注意其情绪和行踪，确保学生不出意外情况。

（6）辅导员、班导师要加强和学生的沟通交流，努力做好学生的安抚工作，化解学生的消极心态，避免发生极端事件。

3. 危机修复

学生因违纪开除危机事件发生后，需做好如下善后工作。

（1）副书记宣布学校决定时要做好相应解释说明工作，辅导员要协助学生家长办理学生的离校手续并由学生家长带领学生离校，学生档案、户口等应在办理离校手续时一并转走。

（2）事后应该加强对退学学生的跟踪教育制度。在学生离校后，辅导员要定时通过电话、信件、网络等方式与家长沟通，和学生家长一起做好退学学生的思想政治教育工作。

事出必有因，学生违纪开除事件的发生也并不是毫无原因的。总的来说，学生违纪开除事件的发生是有规律可循的，因此，学生干部、班导师、辅导员要在日常学生管理工作中注重对学生违纪退学事件的研究和分析，注重加强对学生的教育、引导、劝诫、警示等工作，努力使违纪开除危机消除在萌芽状态。从原因上来分析，主要有以下几方面。

其一，学生为了追求好的成绩，或者为了避免挂科会铤而走险试图作弊。

其二，周围不良文化会影响学生产生违纪行为。在大学校园里，同辈群体对大学生的影响作用最大，个别消极型学生群体可能会对其他同学产生一定的影响，从而引发违纪行为的发生。

其三，学校对大学生行为的控制不强，大量违纪行为被忽视也是违纪现象发生的一个原因。一旦发生学生违纪行为，而又没有得到有效控制和处分，这在一定程度上会助长更多违纪行为的发生。

其四，学校没有很好地处理好学生的初次违纪行为，导致学生重复违纪时有发生，初次违纪的学生由于受到学校处分，受到同学、老师的排斥、疏远，导致许多初次违纪学生自暴自弃，出现重复违纪行为，成为恶性"习惯"。

因此，有必要通过下面一些措施来对违纪开除事件进行有效控制。要建立全面合理的学生评价体系，改变长期以来以学习成绩作为学生唯一的评价标准的状况，还要努力提高学生管理工作的民主化水平，鼓励学生积极参与学生管理工作，使学生成为真正的参与主体。要加强对初次违纪学生的思想教育与心理辅导，消除学生由于受到处分而可能产生的逆反情绪，同时应该注重加强校园文化建设，营造积极奋进、文明守纪的良好校风。

二、违法开除危机事件的处置

近年发生的一些大学生违法事件引人关注。这类违法行为给本人、家庭、学校以及社会带来了不良影响。作为高校学生工作者，要以预防为主，加强教育，注重事件解决过程中的心理疏导，注重完善程序，妥善处理违法开除危机事件。

（一）违法开除危机事件相关知识

1. 违法

大学生违法开除危机事件指的是大学生在校期间因意志不够坚定、心理不健康、冲动、义气、过失、醉酒、无知及其他原因致使触犯国家法律，性质恶劣，受到行政拘留及以上刑罚或构成刑事犯罪的，给予开除学籍处分。

2. 事件特征

大学生违法现象时有发生，而且大学生违法向多样化、智能化方向发展，甚至有的"学习尖子"也走上了犯罪的道路，这些现象的出现绝非偶然。虽然大学生违法与当代社会环境有密切联系，但更与大学生自身有着密切联系。

大学生违法退学危机事件最突出特征是突发性和不可逆性。事件发生后，当事人由于不能接受和无法面对现实或惧怕逃避心理可能消极对待或无视对待，因而出现滞留学校或离校不回家等现象，情况严重的，甚至可能出现极端行为，给本人、家庭、学校和社会带来不良影响或严重后果。

（二）危机管理

1. 危机预防

预防是减少违法行为的最有力办法，预防大学生违法是对人才的珍惜，是对社会的负责，预防大学生违法，是学校的任务，也是司法机关和社会各方面的共同任务。

1）注重对大学生思想道德教育

引导大学生正确认识自我，认识社会，树立正确的人生方向，增强大学生的公德意识。

2）培养大学生良好的心理素质

针对大学生心理发展不够成熟的特点，学校要有意识地开展心理健康知识讲座，开设心理咨询服务，帮助大学生形成健康向上的心理，当前尤为重要的是要做到以下几点。

（1）引导大学生控制情绪，增强社会应变力，学会处理现实与愿望的矛盾，学会自我调适，做事前理智思考。

（2）注意引导大学生建立和谐的人际关系，大学生要摒弃自卑心理，充满信心地对待生活，能够接纳他人，让自己的心理处于轻松愉快之中。

（3）注意引导大学生正确处理恋爱与性问题，指导大学生以严肃的态度对待爱情，正视恋爱关系，保持稳定的情绪及健康的心理。

3）强化法制教育，增强大学生的法律意识

针对许多大学生不知法、不懂法，学校要强化法制教育，使大学生知法、懂法、守法，指导大学生正确理解权利与义务的关系，在履行义务的前提下，合法行使自己的权利，帮助大学生形成依法办事的意识。

4）加强校园的内部管理

预防违法行为必须保证良好的校园生活环境，保证校园是一个学习知识的场所，切实抵制社会不良习气的入侵，学校要关心学生的生活，帮助学生解决生活中的各项困难。

5）加强社会各界责任感

家长要深入了解，配合学校教育；司法机关也应有重点地与大学定期联系，帮助学校建立良好的校园环境，同时加强校内的司法宣传教育；政府职能部门则应力所能及地为大学排忧解难，要采取切实可行的措施，优化社会大环境以及校园环境，加强教育领导，把大学生违法率降到最低。

大学生违法开除危机事件预防具体要抓好以下几项工作。

（1）关注学生日常行为的细节变化。通过班干部、学生党员、班导师的日常观察，了解学生日常言行细节的变化，有出格的思想和言行，要给予及时引导、纠正和劝诫。

（2）建立畅通的信息渠道。每周定期召开学生干部会议，了解各班级学生的思想状况，做到下情及时掌握，上情及时下传到班级每位同学。

（3）利用新媒体，了解学生的思想动态。通过QQ群、微博、微信，学生工作者经常发布积极向上的好人好事、最新动态，鼓励学生参与讨论，关注在虚拟世界里学生的思想言行，做好主流引导工作。

（4）开展定期的心理排查工作。通过不同形式的心理排查和心理测试、设置心理疏导室、心理疏导热线、开展心理健康教育讲座和活动，为心理和思想上有困惑和有阴影、情感（家庭、恋爱）上有羁绊的学生提供自助和帮助的平台，使其敞开心扉，缓解压力，解开心结。

（5）及时将学生违法情况通报家长，做到学校教育、家庭教育和社会教育相结合。

（6）邀请司法机关协助学校工作，在学生中开展普法教育，让学生知法、守法。

2. 危机处置

处理因违法开除的学生，需根据国家相关法律和法规及学校规定进行。公安机关、法院、国安等机关下达违法通知，并对违法学生采取一定的处罚等措施（如拘留）；学校根据相关规定和程序下达退学决定；学院通知学生家长来校协助处理子女退学事宜；副书记、辅导员、班导师做好违法退学学生思想工作;班级干部关注退学学生情绪与行为,确保退学学生在办理离校手续前平稳过渡;学院在学生家长到校后宣布学校的退学处分决定并协助办理退学手续。

3. 事件善后

学生因违法开除危机事件发生后,需做好如下善后工作。

(1) 积极协助司法机关开展各项工作。司法机关未作出处理意见前,学工部应做好相应处置预案;司法机关做出处理意见后,学校按照相关规定及时做出处理。

(2) 学校未作出处理意见前,学院做好相应处置预案;学校做出相应处置决定后,通知学生家长来校协助处理学生问题。

(3) 安排专职老师积极跟踪了解事件处理的动态。

(4) 在学生家长未来校之前,辅导员、班导师安抚学生,避免极端事件出现,确保其安全。

(5) 待家长来校后,副书记再宣布司法机关和学校决定,做好相应解释说明工作,并要求办理离校手续带领学生安全离校。

(6) 学生的档案和户口应在办理离校手续时一并转走,避免事后来校造成不必要的麻烦。

学生违法开除危机事件,并非偶尔发生,也有深层次根源。

目前的在校大学生成长在一个观念多元、信息汇聚的开放社会。他们一方面思想开放、敏锐、活跃,自信张扬,激情澎湃,另一方面理想信念较为薄弱,价值取向偏于扁平;一方面善于求新求变,不断扩大信息量和知识面,更新知识观念,擅长从正面接触科学技术,迅速掌握现代化的工具和手段,另一方面却更注重实际、利害、功用;一方面有强烈的成才欲望、浓厚的自我主体意识、强烈的时尚追求,另一方面却缺乏对职业生涯的系统规划、心理承受能力脆弱、人际交往能力较差以及进取奋斗精神不强。

因此针对这些特点,辅导员要从学生进入大学开始,在开展"三观"教育的同时,还要开展恋爱观、学习观、就业观、交友观等日常教育。通过各种措施和途径加强学生的理想和信念的教育、社会责任意识教育。从大一开始就对他们进行职业生涯规划的系统教育和培训。定期开展心理排查、辅导和疏导，开通心理倾诉热线，给予有心理问题的学生以支援。开展励志讲座、鼓励并支持学生参加社会实践活动，提升人际交往能力、增强社会责任感和担当意识。通过抓安全和法制教育，让学生知道相应的法律、法规和安全知识，并身体践行，做守法先行者。与司法机关加强联系，由司法机关工作人员结合所办案件，对学生进行现实的法制教育，强化他们的法制观念，将打击犯罪和预防犯罪结合起来，达到防患于未然的目的。针对大学生违法应实施挽救和教育的政策，国家培养一个拥有丰富文化知识的大学生要花费大量的人力、物力、财力，因此，我们应尽可能地对犯罪的大学生进行挽救，使其仍能够成为国家的栋梁。由于大学生违法，相对于社会一般人员违法的社会危害性较小，也容易改造，且违法后认罪态度一般都较好，案发后能够积极主动认罪。因此建议对大学生犯罪区别对待，充分体现惩罚与教育相结合的原则。

第四节 学习压力危机事件的处置

近年来，因为学习压力导致的学生危机事件时有发生，给学生所在的家庭和学校带来了不良影响。如何缓解学习压力，化解学习压力造成的危机事件，成为高校学生工作者需要认真思考的重要课题。

一、学习压力危机事件相关知识

1. 学习压力

大学生学习压力危机事件是指大学生在学业学习过程中，受课程成绩、考试排名、同学竞争及父母与自我期望等主客观影响而产生的社会功能出现损坏的事件。情节严重者可能出现抑郁、轻生或伤害他人等行为。

2. 事件特征

大学生学习压力的产生和持续是一个动态、变化的过程。学生承受的学习压力要高于经济压力、家庭压力等诸多压力。当大学生学习压力危机事件发生后，会表现出诸多不适应和学习障碍，掌握技能的速度明显减慢，学习效率降低等，若不能及时正确处理，可能失去对生活与自我的信心，进而情绪恶化并产生厌世、排挤他人、抑郁轻生等念头。

二、危机管理

(一) 危机预防

大学生学习压力危机事件的预防主要从以下几个方面抓起。

1. 积极引导，构建和谐校园环境

高校和谐文化有利于规范大学生的思想行为，有利于健全学生人格，树立正确的世界观，积极的校园环境能制约不良思想和行为的存在和发生，帮助学生形成积极的心理状态和优良的个性品质。

2. 主动交流，构建良好师生关系

教师加强与学生的沟通交流，使学生克服学习上的屏障，掌握正确学习方法，提高学习效率；教师丰富教学形式，根据教学目的及学生的集体特征、个别差异等，不断变换教学组织形式，注意了解学生，因材施教。

3. 互相学习，构建互助班级制度

班级干部应主动关心学习或心理承受力较弱的同学，安排学习交流会或学习方法座谈会，力争让成绩靠后的同学有一套正确学习方法，减少学习弯路，并提高学习热情。

4. 相互关心，构建友好人际关系网

大学中，相伴左右最多的就是自己身边的朋友，朋友应互相关心，相互安慰，若有特殊情况，应及时上报班委或辅导员，或者通知学生家长，尽量做到早发现，早处理，将伤害降到最低。

5. 健全心理咨询，构建心理健康教育体系

学校应专门安排师资从事学生学习心理辅导工作，要加大宣传力度，多开展关于心理健康的学习座谈会或者举行一些趣味性活动进行心理教育。

（二）危机处置

若出现学习压力危机的学生，未伤害到他人或危害社会，则不对其进行学籍管理规定里的处置；辅导员、班导师做好其心理健康工作；班干部调动同学多关注该类群体，确保危机不进一步恶化，并努力改善；学院还可进一步通知学生家长协助处理子女学习压力危机事件。若上述学生，做出伤害到他人或危害社会的事情，则可根据学籍管理规定进行处置，必要时还应送司法机构进行法律制裁。

（三）危机修复

学习压力危机事件发生后，需做好如下善后工作。

1. 交流

对于学习压力危机情况较轻同学，可以安排同学、辅导员老师或家长与其进行交流，发现不良情绪产生的根本原因，并"对症下药"。

2. 专业咨询

安排专业心理老师，进行心理咨询。

3. 观察

班干部应调动班上同学，多留心关注此类同学，多鼓励，帮助这类同学。

4. 警惕

对于情况较为严重的同学，就要时刻警惕，必要时，还应有专人监护，或进行心理治疗，直到确定其学习压力危机解除。

在经济社会日新月异的今天，面对社会的各种竞争，对当今大学生而言，学习依然是主要任务。面对繁重的学习任务，产生学习压力也是不可避免。

在了解当今大学生学习压力存在、产生的原因等基础上，我们应积极采取有针对性的措施，充分利用学习压力的积极作用，促进大学生主动有效地学习。从学校管理层面看，要正确掌握大学生学习压力的"度"；一是促进

学生学习积极性；二是防止学业倦怠的屡屡发生，防止大学生由于学习压力大，产生的种种不良行为。从社会大角度来看，形成公平、公正的用人制度，形成良好的社会氛围，有助于大学生的健康成长。从政府制定政策的角度来看，需要制定一系列促进大学生就业、创业的优惠政策，提高当今大学生工作和学习的积极性。

第六章　大学生社交危机事件的处置

社会交往是大学生日常生活必不可少的一部分。良好的社会交往对大学生的身心发展具有重要作用，它是大学生学习、生活等顺利开展的有效保证。但由于复杂的社会环境及大学生自身特点等原因，不少大学生在社会交往过程中出现若干问题，甚至引发社会交往危机，及时对大学生社会交往危机进行关注、了解和干预，有利于大学生的健康发展。

第一节　校外兼职危机事件的处置

一、兼职的相关知识

（一）兼职概念

兼职是指职工同时从事一个以上的职业或职务。各国法律一般并不禁止职工兼职，但有的情况下，企业、单位并不特别赞成本企业单位职工兼职。职工个人是否兼职，要视各种情况而定。中国有关劳动法规规定：科学研究、教学、医疗、工农业生产等单位，根据工作需要，可以临时聘请中、高级科学技术人员担任顾问或承担讲课、讲学、科研、设计等兼职任务。兼职人员根据自己完成的工作量和工作成绩取得一定报酬。此外，中国还有一些兼职是不另收取报酬的。

兼职区别于全职，是指职工在本职工作之外兼任其他工作职务。兼职者除了可以领取本职工作的工资外,还可以按标准领取所兼任工作职务的其他工资,指非主要工作外的工作,如果只做一种工作则叫专职。

而大学生的主要工作应该是学习,大学生的校外兼职顾名思义是在校园外进行的社会实践活动,并能取得一定的劳动报酬。

(二) 大学生普遍兼职的原因

(1) 从大学生自身角度看。大学生自主意识提升,时间支配相对自由,可以安排时间做自己想做的事情。他们或受到经济压力,或受到就业压力,或受到从众心理的影响,从而想要在兼职中获得劳动报酬,获得实践锻炼的机会和就业的经验,获得展示自己、评价自己的机会。

(2) 用人单位在要求大学生学历的基础上,逐步提高对大学生能力经验、工作经历的要求,本科生已经成为大部分企事业单位所要求的最低标准。学历标准已经有所提高,众多本科生想要在社会上有一席之地,必须有一技之长,而能力特长一般在校内学习过程中很难培养出来,因此为了适应社会变化,大学生主动也是被动地加入兼职潮流中,充分地证明大学生兼职应该受到一定的关注与重视。

(三) 校外兼职存在的问题

1. 缺少社会经验,盲目兼职

很多大学生在最初其实没有任何兼职的想法,由于看到身边有人在做兼职,并且经济情况得到了一定的提高,给家庭减少了负担,很多之前想要购买的昂贵商品也不再遥遥无期了,甚至觉得自己的钱可以自由支配不受父母拘束很舒服,所以选择去做兼职。

由于大部分高校大学生初入社会,社会经验匮乏,缺少自我保护意识,不懂得维护自身的合法权益,对于校外兼职这个高风险环境防范不足,缺少面对社会不合理合法行为的应对策略,容易受到黑心商家的引诱和欺骗,在黑心商家的不公正待遇下无感无知,委曲求全。一般来讲,大学生兼职所付出的劳动往往得不到合理的报酬,基本情况就是所付出的劳动支出大于得到的经济报酬。很多商家表示很乐意接受兼职大学生,原因是工资低,不需要为他们支付五险一金,并且灵活度高,没有合同限制。也就是说,大学生在兼职的过程中是几乎得不到任何保障的,这不仅仅是对大学生兼职劳动权益的一种伤害,更是对市场经济体制的严重破坏,使得就业更为难上加难。

2. 兼职时间与学习时间发生冲突

大学生的可支配时间比较宽裕,尽管如此,课程安排也并不少。根据我们的调查,大学生平均每天上课的学时至少达到 3~4 学时。由于兼职时间一般来讲都是固定的,那么兼职时间就很有可能会与学习时间有所冲突,大部分选择兼职的学生一般面对这种情况都会选择逃课去兼职,一次逃课不被发现就会形成侥幸心理。长此以往,逃课成为一种习惯,选择去兼职挣钱而不是去听课就成为一种理所当然的心理,这样的心理一定会对学习有所影响,更有甚者,会荒废学业,觉得兼职所得到的报酬很多,自己不需要再继续待在学校里面学习。

3. 校外兼职与所学习专业不对口

大学生自主选择校外兼职的兼职范围有限,无非家教、服务人员、派发传单、商品推销等,往往与大学生在校园内专业迥异,几乎得不到相关专业的能力训练,从某种程度上讲,只是丰富了人生阅历和社会经验,对所学专业无法起到促进作用。

4. 大学生校外兼职缺少社会正确的引导和帮扶以及法律的明确保障

走访多个高校之后,我们发现目前各个高校对于大学生校外兼职的关注度普遍不高,主要由于高校对于兼职的认知性不高,对于高校大学生的校外兼职缺少了正确的引导和教育。

二、危机管理

(一) 危机预防

1. 高校方面

(1) 呼吁学校和政府对于大学生校外兼职重视起来,要给予正确的引导和帮扶。

（2）开设兼职讲座、兼职引导课程等，引导大学生知法、懂法、守法。

（3）要定期排查，深入调查在校大学生的兼职情况，一定要确保大学生不会陷入兼职陷阱中。

（4）优化学校的校内兼职情况，为大学生在校内提供更多可靠的兼职机会。

（5）加大对贫困生的资助力度，及时了解学生的经济困难情况，努力减少因为贫困而兼职的现象，想方设法解决学生的经济困难。

2. 大学生方面

（1）大学生应该理性地选择是否兼职。丰富人生阅历，增加社会经验虽然是好的出发点，不过还是要结合自身能力和时间选择是否要兼职。绝对不可因想要增加收入，单纯地为了挣钱而耽误正常的课业学习。

（2）在选择校外兼职时也要擦亮双眼，懂得保护自身合法权益。

（3）如果学校有合适的兼职，可以选择校内兼职，这样可以更多地兼顾学习和兼职。

（二）危机处置

（1）实地走访学生兼职单位，联系家属，联系警方，取得更加一手的信息。

（2）对因为上当受骗而造成经济损失的学生，应该指导和帮助学生向学校或政府有关部门求助，也可以向公安机关求助。

（3）对上当受骗误入歧途的学生，学校一旦发现，立即启动应急预案，确保学生安全的前提下，尽快通过公安机关予以解救。

（4）如果和兼职单位有利益纠纷，学校帮助学生尽可能协商解决，协商不成，可以申请有关部门进行调解和仲裁，甚至向法院提起诉讼。

（三）危机修复

（1）在处理完校外兼职危机事件后，根据具体情况对当事学生进行及时的指导和帮助，如心理辅导、经济补助、补课重修等，使学生尽快回归正常生活。

(2) 按照工作程序向相关部门报备。

(3) 根据实际情况及时总结经验教训，举一反三，进行隐患排查，发现存在隐患或者漏洞，及时整改。

(4) 将校外兼职危机案例对学生进行广泛宣传教育，避免类似的危机事件再次发生。

第二节 赌博危机事件的处置

一、赌博相关知识

（一）赌博

赌博是一种拿有价值的东西做注码来赌输赢的游戏，是一种娱乐方式。任何赌博在不同的文化和历史背景下有不同的意义。目前，在西方社会中，它有一个经济的定义，是指对一个事件与不确定的结果，下注钱或具有物质价值的东西，其主要目的为赢取更多的金钱或物质价值。

赌博是一种丑恶现象，近年来迅速殃及全国各地的高等院校，如同瘟疫一样侵蚀着青年学生，不但败坏了校风，而且导致治安、刑事案件层出不穷，影响高校治安秩序的稳定。要充分认识赌博的危害，努力寻求产生赌博行为的原因，提高积极应对赌博的思想，践行应对赌博的行为。

（二）原因分析

1. 好奇心驱使，寻求刺激

现在的很多大学生在家受家人呵护，入大学之前过的是从校门到家门的生活，阅历尚浅，看见其他同学赌博觉得简单，认为自己如果赌一定可以赢钱，便开始手痒，经不起别人引诱、怂恿，由旁观者变为参与者。有的学生不求进取，或是因为家境较富裕，或是摆脱了家人的约束，进入大学后便不将学习当回事，学业上得过且过，混文凭，闲得无聊，以赌作消遣，视赌博为乐趣。

2. 价值观弱化，精神空虚

一些大学生没有树立正确的人生目标和理想，对正确的社会道德价值观缺乏积极的认同感和归宿感，精神颓废，崇尚享乐主义、拜金主义、物欲主义，导致价值观偏离和行为规范残缺，对自己的未来没有规划，没有学习目标，无所事事，将赌博看作是一种享受，将赌技看作是一种能力，试图通过赌博实现一夜暴富的梦想，最终滋生赌博恶习。

3. 视觉受"污染"，免疫力低

社会上一些影视作品、报纸杂志为了扩大销售量，在醒目的版面做一些教人赌博、传授赌技的宣传，刺激着大学生的神经；一些学生家长长期沉迷赌博，学生从小便耳濡目染，进入大学后对赌博误以为是正常活动，不能正确认识赌博的危害性；一些社会闲散人员将在校大学生视为骗赌、诈赌、赚取钱财的对象，有意识向校园渗透。这些视觉"污染"在大学生身上向心灵渗透，使一些意志不坚定、免疫力低的大学生误入赌途。

4. 家丑怕外扬，管理缺位

由于观念的变化，现在的大学全部改变了原先那种对学生严格管理的模式，为大学生参赌聚赌提供了环境。由于大学生可在校外租房居住，使得他们有条件脱离学校的监管，并且使得其与校外人员交流更加方便。东窗事发后，家长往往顾及子女的名声、前途和自己的面子不作宣扬，花钱消灾；相关老师为了全班的考核排名，投鼠忌器，态度暧昧，只要不闹出大问题，不会施以惩罚，缺少反面教材，以致警示作用不明显。

(三) 赌博主要危害

1. 荒废学业，浪费青春

伴随着高校招生规模的不断扩大，导致学生在整体素质上参差不齐，一些不思进取的大学生时常纠合在一起进行赌博，一些大学生赌博成瘾，经常赌到半夜，甚至通宵达旦，导致时间不够用、精力跟不上，经常迟到、缺课，即使上课也是精神恍惚，下课后又沉迷于赌博，不做作业，不做研究。不少大学生考试不及格，被迫留级，几年大学不知所学为何物，浪费了人生中最宝贵的黄金岁月。

2. 影响他人，侵蚀校园

经常赌博的大学生，生活起居不能遵照学校的规定时间，不能遵守学校的作息制度。其他同学上课了他姗姗来迟，其他同学休息他还在挑灯"战斗"，影响了其他同学学习、生活。久而久之，同学之间便生出许多不快，同学之间的互助、友爱之情变味成对立的情绪。赌博现象的存在慢慢地将一些意志薄弱的同学拉下水，如瘟疫在校园蔓延，造成负面影响，败坏了校风。

3. 累及父母，祸害家庭

赌博的大学生往往赢了还想赢，输了想捞回来，越赌越烈，越陷越深，赢钱的时候，钱不当钱用，最终因赌致贪，只好编造各种理由向家人索要，家长往往抱着再苦不能苦孩子的心理，想办法满足他们的要求。有些大学生害怕连续向家长要钱会引起怀疑，便想办法向社会上的人借钱，甚至借下高利贷，欠下巨额外债，一旦债主追讨致事发，父母虽然恨铁不成钢，但为了面子，为了儿女的前途，也只能无奈地买单，祸害家庭。

4. 诱发犯罪，危害社会

一些大学生长期参与赌博，输光了钱，只好变卖物品、手机、衣物等变现换钱。有些大学生连生活费都无法解决，为解决现实的窘迫或筹集赌资选择了铤而走险，从校园内身边的同学开始偷盗，有些和社会上的不法分子纠结在一起，发展成为盗窃、抢夺，以身试法，走上了一条犯罪的不归路。

二、危机管理

（一）危机预防

1. 高校方面

（1）加强对大学生行为规范教育，不管是线下赌博还是线上赌博，都不符合大学生的身份。

（2）加强学生消费观教育，不高消费，更不能因缺钱去干一些违法乱纪的事情。

（3）建立家庭和学校互动机制，告知家长学校的基本生活水平，掌握好尺度给生活费，同时关注学生的兴趣爱好。

2. 大学生方面

（1）根治思想，防微杜渐。大学生应树立正确的世界观、人生观；看透赌博的本质，分清娱乐和赌博的界限，提高思想认识，对"赌瓶水、赌个菜、赌顿饭"之类的"小玩玩"也坚决不参与。对同学、朋友的劝诱要坚决拒绝，不要顾及情面。对在校外偶遇的赌博活动不要参加，不受家人、朋友影响，更不要将校外所见所学带入校园。从思想上重视，做到防微杜渐，避免陷入赌博的泥潭。

（2）积极参加校园活动，丰富课余时间。积极加入到校园文化建设中去，参加到各种校园文化活动中去，陶冶情操，培养健康的业余爱好，将业余爱好向着阳光大路前行，在校园创造清新宁静的教书育人环境。通过多种方法让自己学习科学文化知识，提高学习积极性，丰富课余时间，让自己做一名充满知识与学问的大学生。

（3）树立良好的法制观念，坚决抵制不法行为。自觉养成维护法律尊严的思想感情和遵守法律的良好习惯；努力自学法律方面的知识与案例，坚决抵制赌博行为，增强自身对赌博的免疫力，努力形成同学之间相互监督、相互帮助的良好风气，激发在校园内形成抵制赌博的良好风气。

（二）危机处置

（1）调查了解学生的赌资从哪里来，有没有校园贷，是否已经还清，是需要帮助。

（2）联系家长，让家长尽快将学生欠款还清，以免利滚利，蒙受更大的损失。

（3）如果涉及非法赌博，及时报警，交给警方去处理。

（4）给学生做心理疏导，不要再想搏一搏，想赢钱回来，赌博为什么都是失败而归，就是因为赌博者心态不好，赢了不会离场，输了更是不离场。

(三) 危机修复

(1) 对所有学生进行摸底排查，凡是有过赌博行为的，应重点关注。

(2) 加强对学校周边赌场的巡逻，寻找有没有本校学生，抓到一个严惩一个。

(3) 加强对宿舍和校园隐蔽地方的排查，学生喜爱在这些地方进行赌博。

(4) 加强对学生微信圈、QQ动态的关注，通过他们晒的喜怒哀乐，随时发现异常，掐断苗头。

第三节 室友矛盾危机事件的处置

一、室友矛盾的相关知识

(一) 矛盾概念

矛盾反映了事物之间的相互作用、相互影响的一种特殊状态，矛盾不是事物，也不是实体，它在本质上属于事物的属性关系。这种属性关系是事物之间的一种特殊的关系，这种特殊的关系就是对立，正是由于事物之间存在着这种对立的关系，所以它们才能够构成矛盾，而室友矛盾是大学最常见的矛盾之一。

(二) 室友矛盾产生的原因

不同性格、爱好、习惯、家庭背景的人同居一室，产生矛盾是难免的。主要有以下几种原因：

1. 物品失窃

只要宿舍发生物品丢失事件，无论什么原因，都可能导致室友之间互相猜疑，给室友关系造成较大阴影。

2. 侵犯隐私和个人空间

有的人天生好奇心强，对室友的事总爱刨根问底地打听，甚至偷听室友电话、翻看室友日记、偷看室友网络聊天记录等,也有人经常未经允许使用室友物品。如此种种,侵犯了室友的隐私,势必引起室友反感,极易产生矛盾。

3. 值日清洁问题

宿舍是属于全体室友的公共空间,应由全体成员共同维护。如果有人不认真值日,势必影响宿舍卫生,极易导致其他室友心理不平衡,引发室友矛盾。

4. 性格不合

大学生性格各不相同,有的外向,有的内向。两个性格差异较大的人同处一室,相互之间往往沟通不畅,时间一长就容易产生矛盾。

5. 生活习惯差异

有人喜欢熬夜,有人喜欢早起;有人喜静,有人喜动;有人喜欢看书,有人喜欢听音乐,不同生活习惯的人住在一起,出现矛盾是难免的。

6. 心理落差太大

学困生与学优生、相貌平平者与英俊漂亮者、家庭条件不好者与家庭条件优越者等某方面条件相差较大的人同处一室,特别是有些处于强势地位者自视过高,瞧不起弱者,极易引发弱者的嫉妒心理,导致出现矛盾。

7. 缺乏沟通

网络电子媒介的流行,使学生网上交流增多,而室友之间面对面地交流减少,由于缺乏相互沟通,遇到一点事就容易引发矛盾。

二、危机管理

(一) 危机预防

1. 高校方面

(1) 及时引导学生正视矛盾,不要逃避,用积极的心态解决问题。

(2) 从新生入学开始,通过新生入学教育、开展讲座、文明宿舍评选等多种方式引导学生建立和谐的宿舍关系。

（3）以活动为载体，在活动中培养学生人际关系处理能力。

（4）做好日常学生的思想教育和引导工作，构建班级班长动态信息反馈机制，定期召开班干部会议，不定期走访宿舍，关注学生的朋友圈、网络圈等，了解学生的思想动态，及时发现矛盾苗头，排除问题隐患。

2. 大学生方面

（1）不要在室友背后说其坏话。在寝室中最忌讳的就是在室友背后说其坏话，可能你这一秒刚说完，下一秒你的室友就会知道。这样的话很有可能引起室友之间的矛盾。

（2）不要因为某些原因嘲笑室友。即便他本人对此并不会有太大的反应，但寝室中多数矛盾的产生就是来自平时的一些积累。虽然在嘲笑时，室友没有当面发火，但是室友心里已经记住了这次的事件，等到诸多矛盾堆积到一起的时候，室友就有可能产生较大的反应。

（3）不要跟室友借钱。借钱这件事本身就不是一件好事。没有人会希望自己的室友经常找自己借钱，特别是大学这样一个连生活费都需要家里面拿的时候。其实跟室友借钱无非是为了两件事：一是因为自己本月的生活费不够；二是因为自己想要买一件东西，钱不够。其实跟室友借钱还不如跟家里要钱，毕竟家里要比自己的室友亲近得多。

（4）不要打扰室友休息。大学期间最忌讳的就是在室友休息期间打扰，因为这样真的很烦人。当自己刚刚进入甜美的梦乡时，突然听到室友在寝室里面打游戏、放音乐、打电话……就容易产生矛盾。

（二）危机处置

（1）在问题处理过程中，辅导员应积极主动地把控全局，保持客观公正，不可偏袒任何一方，并把握好现场的谈话方向和气氛，双方如有过激言行，要马上制止，做到公平、公正。

（2）第一时间送受伤学生去医院医治，并进行医疗费用的垫付，抢救生命最重要。

（3）通知家属到场，协商解决医疗费用的问题。

（4）如果学生涉及违法行为，必须报警，等待警方的处理和法律的制裁。

(三) 危机修复

（1）排查所有寝室是否私藏有管制刀具。

（2）安排学生干部做好卧底工作，有异常情况随时上报。

（3）对熬夜打游戏的同学、不爱清洁卫生的同学、嘴巴碎碎念的同学等进行重点关注，因为他们是室友们不太喜欢的对象。

（4）引导室友相互道歉，化干戈为玉帛，不准进行下一步的报复，根据需要，可以给双方调整寝室。

（5）做好班级同学的思想教育工作，确保正确的舆论导向。

第四节 酗酒危机事件的处置

一、酗酒相关知识

（一）酗酒概念

酗酒是指无节制地过量饮酒，能使人不同程度地降低甚至丧失自控能力，实施某种有伤风化或违法犯罪的行为。各国刑法和犯罪学家都认为酗酒行为有一定的社会危害性，但对危害的严重程度认识不同。苏联犯罪学家认为酗酒是犯罪产生的重要原因之一。

医学界将酗酒定义为：一次喝 5 瓶或 5 瓶以上啤酒，或者血液中的酒精含量达到或高于 0.08 g/dL。由于大量酒精会杀死大脑神经细胞，长此以往，会导致记忆力减退，还可能引起脂肪肝、肝硬化等肝脏疾病，情况严重者必须进行肝脏移植才能保全性命。

酗酒涵盖了"酒精滥用"及"酒精依赖"。一般而言，如果一个人过度使用酒精而无法自我节制，导致认知上、行为上、身体上、社会功能或人际关系上的障碍或影响，且明知故犯，无法克制，就达到"酒精滥用"的程度。若进一步恶化，把饮酒看成比任何其他事都重要，必须花许多时间或精力去喝酒或戒酒，或必须喝酒才感到舒服（心理依赖），或必须增加酒精摄取才能达到预期效果（耐受性），或产生酒精戒断综合征，就达到"酒精依赖"的程度。

（二）代谢方式

酒精在人体内的分解代谢主要靠两种酶：一种是乙醇脱氢酶，另一种是乙醛脱氢酶。乙醇脱氢酶能把酒精分子中的两个氢原子脱掉，使乙醇分解变成乙醛。而乙醛脱氢酶则能把乙醛中的两个氢原子脱掉，使乙醛被分解为二氧化碳和水。人体内若是具备这两种酶，就能较快地分解酒精，中枢神经就较少受到酒精的作用，因而即使喝了一定量的酒后，也行若无事。在一般人体中，都存在乙醇脱氢酶，而且数量基本是相等的。但缺少乙醛脱氢酶的人就比较多，缺少乙醛脱氢酶，使酒精不能被完全分解为水和二氧化碳，而是以乙醛的形式继续留在体内，使人喝酒后产生恶心欲吐、昏迷不适等醉酒症状。因此，上面所说的不善饮酒、酒量在合理标准以下的人，即属于乙醛脱氢酶数量不足或完全缺乏的人。对于善饮酒的人，如果饮酒过多、过快，超过了两种酶的分解能力，也会发生醉酒。

现实中，不同的人酒量是有差异的，人的酒量通过锻炼可获得一定提高，但提高一般不会很大，因为人的酶系统是有遗传因素的，且上述两种酶的数量、比例成定局，因此，酒量也会遗传。近年来，美国科学家进行一系列研究后证实酗酒也和遗传有关。在美国德福医院不少婴儿生下来便是"酒鬼"，而这些"小酒鬼"的父母无一例外都是酗酒者。美国得克萨斯州立大学的研究者还发现，酗酒者的大脑中无一例外都缺乏一种叫内菲酞的物质，而喝酒能弥补此物质的不足。因此，酗酒者酒后常难以自已，因为他们的血液中的白细胞与化学酵发生反应的程度要比正常人强烈得多。

（三）酗酒的危害

酗酒会引起、诱发、恶化氧化应激类疾病，如糖尿病、高血压、血脂异常（如甘油三酯高等）、痛风等疾病。酗酒有以下危害。

（1）酒精会进入血液，随血液在全身流动，人的组织器官和各个系统都会受到酒精的毒害。短时间大量饮酒，可导致酒精中毒，中毒后首先影响大脑皮质，使神经有一个短暂的兴奋期，胡言乱语；继之大脑皮质处于麻醉状态，言行失常，昏昏沉沉不省人事；若进一步发展，生命中枢麻痹，则心跳呼吸停止以致死亡。

（2）损害食管和胃黏膜。酒精对食管和胃黏膜损害很大，会引起黏膜充血、肿胀和糜烂，导致食管炎、胃炎、溃疡病。酒精主要在肝内代谢，对肝脏的损害特别大，肝癌的发病与长期酗酒有直接关系。

（3）影响脂肪代谢，升高血胆固醇和甘油三酯。大量饮酒会使心率增快，血压急剧上升，极易诱发中风。长期饮酒还会使心脏发生脂肪变性，严重影响心脏的正常功能。

（4）酒精中毒性精神病。当血液中的酒精浓度达到0.1%时，会使人感情冲动；达到0.2%~0.3%时，会使人行为失常；长期酗酒，会导致酒精中毒性精神病。

（5）营养失调。长期酗酒会造成身体中营养失调和引起多种维生素缺乏症。因为酒精中不含营养素，经常饮酒者食欲下降，进食减少，势必造成多种营养素的缺乏，特别是维生素B_1、维生素B_2、维生素B_{12}的缺乏，还影响叶酸的吸收。

（6）危害胎儿。酒精对精子和卵子也有毒副作用，不管父亲还是母亲酗酒，都会造成下一代发育畸形、智力低下等不良后果。孕妇饮酒，酒精能通过胎盘进入胎儿体内直接毒害胎儿，影响其正常生长发育。而丈夫经常酗酒的家庭，平均人工流产次数比其他家庭高很多。

（7）酗酒对社会也具有极大危害。因为酗酒是一种病态或异常行为，可构成严重的社会问题。酗酒者通常把酗酒行为作为一种因内心冲突、心理矛盾造成的强烈心理势能发泄出来的重要方式和途径。酗酒者常通过酗酒来消除烦恼，减轻空虚、胆怯、内疚、失败等心理感受。如果全社会对酗酒现象熟视无睹，不采取有效措施加以规劝，醉鬼们就可能危害社会治安，让大家遭遇偷盗、杀人、家庭暴力等威胁。

(四) 戒除酒瘾的心理疗法

1. 认识疗法结合厌恶疗法

先在思想深处认识到过量饮酒的危害，并在纸上一一列出，另外可寻找因饮酒过度导致的体形变形，产生病变等图片或影片并收藏；当饮酒成瘾者饮酒意念十分强烈时，就把这些图片或影片取出来看看，逐渐建立起对酒的厌恶情绪。

2. 系统脱敏法结合奖励强化法

不要求酗酒者一下子就改掉不良习惯，而是每天逐渐地减少饮酒量。因此，它的痛苦性低、成功率高。戒酒者在这一过程中，若完成了当天应减少的指标，自己或亲人应给予一些小奖励，以巩固和强化所取得的成果。为避免心理上若有所失的难熬感觉，戒酒者应积极从事一些其他有兴趣的事情，用新的满足感的获得来抵消旧的满足感的失去。

3. 群体心理疗法

是指充分发挥群体对个人的心理功能来治疗心理疾病的技术和措施。

二、危机管理

(一) 危机预防

1. 高校方面

（1）学校高度重视大学生酗酒问题，积极进行有针对性的思想教育，营造良好的文化氛围，宣讲酗酒对身体的伤害。

（2）多种媒体加大宣传力度，详细揭示酗酒的危害，鼓励学生多参与健康的文体活动，充实学生业余生活。

（3）提倡文明健康的社交礼仪和待友之道，倡导全新的酒文化，劝诫学生少喝酒或不喝酒，杜绝酗酒行为发生。

2. 大学生方面

（1）朋友聚餐，要有全新的酒文化，不能论谁喝得多，谁就是哥们儿，谁就仗义。

（2）如遇不开心的事情发生，学会自我调节，不要喝闷酒或者酗酒，借酒消愁愁更愁。

（3）遇到同学酗酒，要积极主动汇报老师，并采取相应措施。

（4）充分认识到过量饮酒的危害性，通过戒酒的心理疗法，彻底戒除酒瘾。

（二）危机处置

（1）查清楚酗酒地点和状况，辅导员或者学院其他老师第一时间赶到现场，阻止酒后打架斗殴或者寻衅滋事的危机事件的发生。

（2）酗酒学生如果严重，第一时间送医院进行救治。

（3）将情况及时汇报学院和学校。

（4）根据事件严重程度，通知家长，并根据学校相关条例，给予相应处理。

（5）如有伤者，根据事情严重程度，可以报警。

（三）危机修复

（1）及时了解酗酒学生的酗酒原因、生活状况等，对其进行劝导，使学生认识到自己存在的问题。

（2）安排学生干部随时关注学生生活及学习动态，进行一对一帮扶。

（3）及时与家长取得联系，沟通情况。

（4）如果学生有酒精依赖症，建议家长带学生去医院进行戒酒治疗。

（5）如有公物损坏，照价赔偿，并给予相应处理。

（6）对所有参与饮酒学生进行批评教育，杜绝此类事件的再次发生。

第五节　误入传销危机事件的处置

一、传销相关知识

（一）传销概述

在国家颁发的《禁止传销条例》中，对传销进行了一个概念的定义：

传销是指组织者或者经营者发展人员，通过对被发展人员以其直接或者间接发展的人员数量或者销售业绩为依据计算和给付报酬，或者要求被发展人员以交纳一定费用为条件取得加入资格等方式牟取非法利益，扰乱经济秩序，影响社会稳定的行为。《禁止传销条例》规定，下列行为，属于传销行为。

（1）组织者或者经营者通过发展人员，要求被发展人员发展其他人员加入，对发展的人员以其直接或者间接滚动发展的人员数量为依据计算和给付报酬（包括物质奖励和其他经济利益，下同），牟取非法利益的。

（2）组织者或者经营者通过发展人员，要求被发展人员交纳费用或者以认购商品等方式变相交纳费用，取得加入或者发展其他人员加入的资格，牟取非法利益的。

（3）组织者或者经营者通过发展人员，要求被发展人员发展其他人员加入，形成上下线关系，并以下线的销售业绩为依据计算和给付上线报酬，牟取非法利益的。

（二）直销与传销的区别

1. 是否以销售产品为企业营运的基础

直销以销售产品作为公司收益的来源。而非法传销则以拉人头牟利或借销售伪劣或质次价高的产品变相拉人牟利，甚至根本无产品。

2. 有没有高额入门费

直销企业的推销员无须缴付任何高额入门费，也不会被强制认购货品。而在非法传销中，参加者通过缴纳高额入门费或被要求先认购一定数量的产品以变相缴纳高额入门费作为参与的条件，鼓励不择手段地拉人加入以赚取利润。其公司的利润也是以入门费为主，实际上是一种变相融资行为。

3. 是否设立店铺经营

直销企业设立开架式或柜台式店铺，推销人员都直接与公司签订合同，其从业行为直接接受公司的规范与管理。而非法传销的经营者通过发展人员、组织网络从事无店铺或"地下"经营活动。

4. 报酬是否按劳分配

直销企业为愿意勤奋工作的人提供务实创收的机会，而非一夜暴富。每位推销人员只能按其个人销售额计算报酬，由公司从运营经费中拨出，在公司统一扣税后直接发放至其指定账户，不存在上、下线关系。而非法传销通过以高额回报为诱饵招揽人员从事变相传销活动，参加者的上线从下线的入会费或所谓业绩中提取报酬。

5. 是否有退出、退货保障

直销企业的推销人员可根据个人意愿自由选择继续经营或退出，企业为顾客提供完善的退货保障。而非法传销通常强制约定不可退货或退货条件非常苛刻，消费者已购的产品难以退货。

（三）传销的主要手段

非法传销手段有：以双赢制、电脑排网、框架营销等形式进行传销；假借专卖、代理、特许加盟经营、直销、连锁、网络销售等名义进行变相传销；采取会员卡、储蓄卡、彩票、职业培训等手段进行传销和变相传销，骗取入会费、加盟费、许可费、培训费；以及其他传销和变相传销的行为。

传销网以家庭为单位，每个家庭由6~7人组成，分散在城市周围的十几个地方。家庭中的"家长"就是传销网中的"业务组长"，他们的主要任务是接待、发展新会员（传销"下线"）。传销组织骗取他人入会，开始以介绍工作为名，介绍对象主要是以大中专毕业生和部队退伍、转业军人为主，介绍的关系主要是自己的老乡、同学、战友、亲友，有的甚至将兄弟姐妹都骗进入会。骗入传销组织的步骤如下。

（1）抓住被骗人求职心切的心理特点，逐步联络感情，了解被骗人的个人家庭经济情况。

（2）鼓吹该公司的业绩（称是国外公司分公司、子公司），并根据你的专业和兴趣提出相应的招聘岗位和丰厚的待遇，让你前往应聘，落入陷阱。

（3）进入后，进行所谓的业务培训，每天由经理、主任对被骗人进行上课，灌输所谓的致富经验和人生哲理，极有煽动性，如"教你做一个伟大的推销员"等,他们的口号是"今天睡地板,明天当老板",课后,由"传销家长"和业务骨干、推荐人进行专门的谈心、交流,传授经验,直至融入传销组织的思想范畴。

一般被骗人人员经过7~15天的所谓魔鬼训练,思想不坚定者大都会上当受骗,误入歧途,由受害者变成害人者,开始发展下线。

(四)传销的管理制度

传销组织有严密的管理制度,主要有以下几点。

(1)传销人员发展下线,必须经过主任级别人员的审查,并教唆如何一步步地联系,直至被骗者上钩。

(2)一般D级、E级的传销人员和正在培训的未入会人员(未交会费的人)日常活动均受到限制和控制,外出时始终有人监视其言行举止。

(3)军事化管理。每天早晨6:15起床直至晚上9:30熄灯睡觉,每个时段的学习、活动、搞卫生、吃饭、休息都安排得十分紧凑、准点。

(4)每天都有学习内容(学习传销组织的规章制度,学习行业知识、生活二十条及行业四大禁止等),在"干部"的领导下,每天晚上还进行个人小结,重新审视自己,修改工作计划,开展批评和自我批评等。

(5)组织会员到其他传销点(住宿地)进行交流体会和传授新的传销发展方法,每周、每月各传销点都要做出工作计划和工作总结,规划"宏伟蓝图"。

(五)传销组织的非人生活

被骗入传销组织的人被限制人身自由,过着非人的生活。

(1)每个人被骗入传销组织后,即失去了人身自由和通信自由。每个传销点都是租赁民用的小套房(一般是八九十平方米的三室一厅二卫)。"家长"负责管理房门钥匙,一天24小时里外两扇铁门都上锁,未经主任、经理以上批准,不得外出,被关的人员的手机、充电器一律收缴,集中保管,如有思想未转化的,连身份证、钱包等都会被收缴。每个套房内配有本地电话或手机一部,由主任管理,确需联系时,均使用特定方式进行联系

（外人会误以为是公司的固定电话），而且时时刻刻都在监视通话情况，需发短信时由其他人代按号码并发送。

（2）每个租房内一般住有 10~12 个 D 级、E 级的传销人员，都是睡在地板上（主任级以上的才有床），每人每月还得交纳伙食费、房租费，其中每月扣除房租、水电费后，其余的才用在伙食开支上，每人每月的伙食费非常少。因此，在高消费的城市里，他们只能到菜市场购买最低劣的菜，如萝卜、包菜，有时还在菜市场边捡被卖菜人整理后扔掉的烂菜叶、发黄的菜皮，偶尔还捡些杀猪户扔掉的碎骨碎肉，购买的大米也是质量最差最便宜的。据被关的人员称，他们每餐、每天、每月都吃一种菜，好的坏的菜叶一起下锅炒，而且数量很有限，吃得慢的人后面就没菜了，只能浇点酱油。早餐的稀饭是昨天的剩饭渗水去煮的，煮完后撒上一把盐就算是早餐了，有时连一粒米都没有，简直是在喝盐开水。因此，被关的传销人员一个个都是脸色苍白、发黄。

（3）有的被骗进传销组织后，由于无法交纳会员费，又不能发展新会员的；经过一段时间培训后，口才、技能不长进的，甚至连伙食费也交不起的，关了两三个月后，就会被传销组织开除，但推荐发展的人要代交伙食费。

二、危机处置

（一）危机预防

1. 高校方面

（1）多渠道宣传教育，充分认识传销陷阱。

（2）将真实案例给学生分享，让他们记忆深刻。

2. 大学生方面

（1）大学生要了解非法传销的欺诈本质，明确传销活动系非法活动，增强抵制各种诱惑。传销组织所谓的"网络销售公司"一般都没有在工商管理部门登记注册，无营业执照，可在政府有关部门的网页上查询有无此单位（公司）。

（2）不要将个人信息资料轻易告诉他人，以防被人以招聘、社会实践等活动为名拉入传销活动。经亲友、同学介绍的就业机构，除上网核实外，本人可到所在单位走走看看，问明情况，如是传销组织，一查就露馅。

（3）到正规的人才市场招聘工作，不要轻信同学、朋友优厚待遇的许诺。参加就业、招聘，一般要到政府和学校组织的人才交流市场，因为这些用人单位都要向人事劳动部门提供完整的资质材料。

（4）发现不法分子在进行非法传销活动，应及时报警或向学校保卫部门报告。

（5）如果被陷入传销组织，就要坚持：一是不交钱（不交会员费和伙食费）；二是不参加他们的所谓学习培训；三是不去骗取他人；四是找机会逃脱，并报"110"求救；五是迅速与学校联系，争取学校求援。

（6）误入传销组织后要懂得自救，自救招数可参考以下：

一是保管好身份证、银行卡、手机等物品，不让这些物品落入对方手中。

二是记住地址，伺机报警。要掌握自己所处的具体位置，楼栋号、门牌号等，若无以上信息，可看附近有无标志性建筑。

三是利用上街和考察时机，突然挣脱求救。

四是装病。尽可能地折腾对方，让他们不得安宁，最终同意外出就医。

五是在上厕所时偷偷写好求救纸条，趁人不备从窗户扔纸条求救。

六是实在被看得很紧，不妨想软办法或伪装，骗取对方信任，让他们放松警惕，再伺机逃离。

（二）处置办法

（1）任何情况下，想方设法先确保学生安全。

（2）发现学生误入传销组织后，可以采取报警的方式，如果传销组织不在学校所在地，学校所在地的派出所要联系传销地的派出所，共同解救学生。

(3) 联系家长并动员该生的好朋友，尽可能收集学生详细信息，如地址、车牌号、周边环境等。

(4) 实施解救前，要把问题想得多一点，做好充足准备，以免打草惊蛇，给学生带来不利。

(5) 对于被胁迫参与或者受骗参与传销组织，且本人有被解救愿望的，和学生积极配合，给予解救。

(6) 对于已经被严重洗脑、不想被解救，也不配合学校开展相关摸底工作的学生，建议家长为其办理退学或者休学手续。

(三) 危机修复

(1) 详细了解学生误入传销组织的具体情况。将此骗局告诉其他同学，引以为戒。

(2) 解救成功后，立即向有关部门作汇报。

(3) 对被解救的学生给予心理辅导和安慰，解决学生的实际困难，帮助学生尽快恢复正常的学习生活。

(4) 对未被解救的学生，关注同寝室的学生情况，以免进入传销组织的学生引他们上当受骗。同时尽量做该生的思想工作，尽早离开传销组织。

(5) 若学生从事违法犯罪活动，鼓励学生投案自首，争取宽大处理。如果不主动投案，学校应该与公安机关联系汇报，由公安机关决定如何处理。

第七章 大学生恋爱危机事件的处置

恋爱危机事件是指学生因恋爱受挫而引发心理不健康、心理异常，甚至是自杀或暴力行为等事件。恋爱危机事件包括恋爱终止危机事件、恋爱转移危机事件、单相思危机事件、性侵害危机事件等。这些危机事件不仅影响学生正常的学习生活，甚至会对师生安全产生威胁。因此，要求学生工作者能够及时有效地处理该类危机事件。

第一节 恋爱终止危机事件的处置

大学生在未进入大学前，由于受到家长、老师和升学压力的影响，恋爱的感觉被压抑。进入大学以后，家庭的约束力骤然降低，男女同学之间的交往机会增多，在一个相对宽松、自由的环境里，"爱情"便在大学生们的心里迅速产生、发展，但是由于自身不正确的恋爱观、不成熟的心智，往往会产生恋爱终止危机，恋爱关系处理不当，导致分散精力、浪费时间、情绪波动、成绩下降等，因此要加强对大学生的恋爱观教育，引导大学生将更多的精力放在学业上，促使大学生健康发展。

一、恋爱终止危机事件相关知识

（一）恋爱终止危机事件

大学生恋爱终止危机事件是指因恋爱动机、感情纠葛、外界干预等一系列原因导致的恋爱终止进而引发的危机事件。

(二) 事件特征

大学生恋爱终止危机事件最突出的特征是伤害具有相互性，即事件发生后，伤害是双方的。当事人由于无法承受打击和痛苦，可能会出现情绪低落、心情抑郁等现象，情况严重者，还可能导致自杀或其他过激行为发生，给本人、亲人及学校带来不良影响或严重后果。

二、危机管理

(一) 危机预防

大学生恋爱终止危机事件预防，在大学生角度主要从以下几个方面抓起。

1. 树立正确的恋爱观

(1) 恋爱人格平等。如果把对方当作自己的附庸，或依附对方失去自我，都是对爱情实质的曲解，恋爱双方在相互关系上是平等的，都有给予爱、接受爱和拒绝爱的权利。

(2) 自觉承担责任。责任感是爱情与婚姻的保障，如果没有责任感，爱情和婚姻都经不起时间和外界诱惑的考验。

2. 提高恋爱挫折承受能力

大学生的恋爱受多种因素的制约，因而在追求爱情的过程中遇到各种波折是在所难免的，提高恋爱挫折承受能力对大学生的心理健康是非常重要的，当爱情受挫后，用理智来驾驭感情，在新的追求中确认和实现自己的价值，从而提高自己的心理承受能力和认知水平。

3. 敞开心扉，及时疏导心中的郁闷情绪

人的理智可以战胜感情，被恋爱终止者可以找亲人或知心好友倾诉心中的烦恼，也可奋笔疾书，也可以主动置身于欢乐开阔的环境，或有意识地潜心于自己感兴趣的事情中，用新的乐趣来冲淡抵消旧的郁结。

4. 寻求帮助，充分发挥团体的咨询和辅导功能

要减轻被恋爱终结者的痛苦，让其心理和情感恢复正常，除了自身的努

力外，朋友、家庭、学校和社会都应当给其支持和帮助。如在恋爱终结初期，亲朋好友可以多陪伴被恋爱终结者，多倾听其诉说，多与其谈心，对其进行情感上的疏导和心理上的抚慰。同时，积极依靠学校的心理咨询中心，为被恋爱终结的大学生提供心理咨询，充分发挥团体的咨询和辅导功能，鼓励他们用理智克制情感，减少失恋所带来的苦恼。

（二）危机处置

处理因恋爱终止而出现问题的学生，应该要因人因事而异。

（1）学院要根据相关规定，把处理细节分工到每位负责老师。

（2）辅导员、班导师一旦发现已经出现或有可能出现的隐患问题，及时做好沟通引导工作。

（3）事态较严重的，通知学生家长来学校协助处理相关事宜。

（4）班干部密切关注学生情绪和行为，有问题及时向辅导员和班导师汇报，做好学生的思想工作。

（5）防患于未然，适时对学生开展恋爱心理相关的辅导讲座。

（三）危机修复

大学生恋爱终止危机事件发生后，为了保证学生的人身安全，需做好如下善后工作。

（1）事情严重者，通知学生家长，来校安抚学生情绪，协助处理好学生恋爱危机事件。

（2）在学生家长未到校之前，安排班干部和同寝室同学做好思想工作，随时关注思想动态，密切关注行踪，确保学生人身安全。

（3）辅导员、班导师安抚学生，做好疏通和引导工作，使之平缓过渡，避免极端事件的发生。

（4）等家长来校后，做好相关解释说明工作，并提供相关帮助，争取在学校和家长的共同努力下，圆满解决事件。

大学生恋爱终止危机事件，大多数都是一个量变到质变的过程，因此，班导师、辅导员要在日常生活管理中深入了解学生动态，及时给予疏通指导,将因恋爱终止而可能引起的危机事件消除在萌芽状态。

这类事情的发生通常是由于学生心理素质不过关而造成的。因此,除了密切关注学生的动态之外,还应加强心理健康教育工作,引导学生树立正确的世界观、人生观和价值观,把心理健康教育工作作为教育的一部分,建立相应的督导帮扶机制。

第二节 恋爱转移危机事件的处置

大学生在恋爱观上往往表现为择偶动机不纯,恋爱双方思想上不成熟、不稳定,容易出现矛盾冲突,而大学生来自全国各地,其中不乏优秀者、佼佼者,出现恋爱矛盾的大学生往往会出现移情别恋的情况,使恋爱双方陷入恋爱转移危机中,产生负面情绪,进而可能引发自杀、他杀等恶性事件。因此,对于恋爱转移事件发生的前因后果要深入分析,有针对性地做出应对措施,尽量将消极影响降到最低,抚平被恋爱转移方的情绪,重塑信心。

一、恋爱转移危机事件相关知识

(一) 恋爱转移危机事件

大学生恋爱转移危机事件是指大学生在恋爱期间,恋爱双方中的某一方发生情感转移(通俗来说就是移情别恋)而导致恋爱学生双方都出现的一系列影响当事人及对方正常学习生活的事件。一方面,恋爱转移方感情转移后,因无法正确处理与原情侣的关系,引起恶劣情感纠纷而影响正常的学习生活状态;另一方面,被终止恋爱的一方,由于恋爱终止,容易出现因打击过大或产生仇恨报复心理,进而导致自杀或他杀等恶性事件的发生。

(二) 事件特征

大学生恋爱转移危机事件最大的特点是,恋爱双方都可能产生偏激行为而对彼此造成严重伤害，同时，大学生恋爱转移事件具有不可预见性和隐秘性。由于情侣之间很少在众人面前吵架，同学看到的表象往往不是真实情况，由此造成了恋爱转移事件的不可预见性。再者，对于类似于移情别恋这种事情而言，没有人愿意公之于众，往往都是自己藏在心里，因而当事人可能有一些极端的想法，且不易被人发现，所以就造成了恋爱转移危机事件的潜伏性。

二、危机管理

（一）危机预防

（1）开展大学生恋爱教育系列讲座，帮助学生树立正确的恋爱观。针对低年级的学生，帮助他们进行过渡并辅以积极引导。正确的引导能帮助他们做好心理准备，来迎接可能降临的爱情。同时，引导学生对自己的另一半有一定的概念，比如是事业型的还是阳光型的等等，慎重地开始一段恋爱，也就意味着降低了恋爱转移危机事件发生的概率。

（2）通过班会等形式进行恋爱观的普及。帮助学生树立正确的恋爱观，杜绝以排遣寂寞、消磨时间为理由的恋爱，同时也避免大学生中产生拜金主义的恋爱观。正确的恋爱观一旦树立，学生就开始懂得珍惜与责任，所以就不会轻易地进行情感转移。

（3）心理委员观察留意班级上有男女朋友的同学，不定期与之交谈，发现问题及时向上报告，在根源处杜绝事态继续恶化，及时解决。

（二）危机处置

（1）及时找双方学生谈话，了解恋爱转移事件缘由，了解学生的思想动态以及内心活动，观察其情绪是否低落，并判断是否对学生的正常学习生活产生了影响，以及事件是否在学生自己处理的范围内。

（2）对于发生情感转移的学生，帮助其分析原因，询问其原因，在思想上是否有错误，是否是一时冲动，并观察学生本身是否出现内疚等情绪，予以积极及时的疏导。引导学生正确处理彼此的关系，尽可能降低对对方的伤害。对于被抛弃的一方，及时安慰失落情绪，引导学生正确面对恋爱转移危机事件，并帮助其重树信心。

（3）根据恋爱转移危机事件情况的严重程度，成立不同级别的处理小组。由于恋爱转移不同于恋爱终止，所以要在广泛了解事实的基础上做出适当的判断，引导学生做出正确的取舍，同时引导学生正确处理双方的关系，以防发生激烈纠纷而导致学生做出偏激行为。

（4）采取"多对一"形式的跟踪处理。发动班长、室友等人密切关注身处危机的同学，及时掌握双方的最新动态变化。

（5）及时与事件所涉及学生的家长取得联系，沟通学生情况，适时地要求家长介入配合引导学生。

（三）危机修复

学生恋爱转移危机事件发生后，为保证学生情绪平稳以及人身安全，需做好如下善后工作。

（1）依据学生的情况安排专业的心理疏导，避免出现极端事件，如跳楼自杀或杀人等情形。

（2）定期谈话，留意情感变化。

（3）设为重点关注对象，持续跟踪处理。

（4）帮助同学发现并表扬其爱好，将注意力进行转移。

对于大学生恋爱转移危机事件，重点在于预防，学院和辅导员应注重引导学生树立正确的恋爱观，减少盲目性。在正确恋爱观的指导下，当学生知道一段恋情可能并不适合自己或者自己可能不适合他人时，感情转移方会更加妥善处理与原情侣的关系，即使是被终止恋爱的一方也能正确面对事实。当发现大学生存在恋爱转移倾向时，要及时对当事双方进行干预指导，防止学生因无法正确处理两边关系而导致局面恶化。学生恋爱因涉及个人隐私，一般出现问题也不易被身边人发现，此类危机事件具有隐秘性，因此，在平时的日常生活中，辅导员老师应加强与学生的沟通交流，完善信息渠道，及时了解恋爱学生的情感状况，防范恋爱转移危机事件的发生。

第三节 单相思危机事件的处置

一、单相思相关知识

（一）单相思

单相思也叫单恋，它是指男女之间只有单方面的爱恋思慕，若对方一直不回应，则只会以痛苦收场。单相思通常是进入爱情的准备阶段，也很有可能完全停留在这样的状态之中而无法得到进一步的发展。单相思分为两种情况：一种是不完全型单相思，即另一方也单相思你，只是与你一样未敢表达；另一种是完全型单相思，即另一方完全不理你或者明确表达不喜欢你，不论怎么努力，也无法改变单相思的局面。第一种一旦表达则皆大欢喜，第二种情况不如及早离开，以免徒增痛苦。

单相思是一件痛苦同时又让人黯然欣喜的事情，一厢情愿地付出而没有收获时常会让人烦恼，而得到相对回应的时候却往往会给人带来异常的动力。单相思也是大多数人经历过的一种心理状态。单相思算不得病，只有得不到回应而沉迷其中、不能自拔才会导致严重的心理失调，成为通常说的"相思病"。

（二）单相思的调节方式

（1）正确认识单相思是人特殊的心理活动，没有道德评判意义，也无所谓是非对错，无论是"单相思"还是被"单相思"，没有耻辱与自豪之分。不是你不优秀，只是发生的人物、时间、地点不合适。

（2）要客观、理智地对待恋爱问题。恋爱是男女之间相互爱慕的行为表现，互爱是爱情产生和发展的必要前提，相爱的双方都有给予爱和接受爱的机会。可是单相思却是一种不为对方接受又得不到回报的单恋情结，这种一厢情愿的爱情不会有结果和价值。单相思往往脱离现实生活，沉湎于自我幻想，对单恋对象强烈关注、幻想、焦躁和冲动而难以自拔，由此引起单恋者内心强烈、痛苦的心理矛盾和冲突。

（3）摸清对方真实情况，克服爱情错觉。单相思者容易"邻人偷斧"，感觉对方也喜欢自己，要仔细地观察所恋对象的言行举止，客观分析对方对自己的态度和行为是否"优待"。也可以让密友帮助判断，一旦产生错觉就应停止单相思。

（4）用适当的方式传递自己的愿望。和自己的所恋对象正面接触，全面了解对方，矫正认知偏差，让对方多了解自己，在交往中传递自己的感情意向，或直接向对方表白，避免无端的猜测和幻想。

（5）积极移情和移境。移情就是恰当地转移自己的感情，移境就是转换一个新的环境。通过移情和移境，逐步把自己的情感和注意力转移到工作、学习、事业或他人身上，经过一段时间的磨砺，许多人会逐渐克服单相思的迷惘。

（6）向朋友倾诉。无论遇到什么烦心的事情，说出来会好很多，一直憋在心里的话，只会影响自己的心情。面对感情问题，最痛苦的是什么呢？不是失恋，而是单相思。失恋至少说明曾经拥有过，只是没有走到最后，但是单相思却是还没来得及开始，就已经结束了。遇到这样的问题，找几个朋友倾诉一下，把自己心里的话都说出来，会舒服很多，再加上朋友对你的疏导，渐渐地，你也就解脱出来了。

二、危机管理

（一）危机预防

1. 高校方面

（1）引导学生树立正确的恋爱观，让学生认识什么是真正的爱情。爱情一定是两个人之间的交流，单方面的爱恋不是爱情，也不值得坚持。

（2）积极发挥同伴的知情作用。学生恋爱方面有较高的隐蔽性，第一时发现问题的苗头很关键。

（3）建立与学生家长的有效联系，学校和家长有效沟通，可以更好地发现学生的恋爱危机。

2. 大学生方面

（1）树立正确的恋爱观，如果对方不爱你，应潇洒地放手，别和自己过不去。

（2）进行有效的单相思调节，具体调节方式见前述。

（3）多参加一些校园文化活动，让自己的内心世界丰富多彩，认识到除了单恋，校园还有很多其他美好的事物。

（二）危机处置

（1）第一时间找到学生，确保学生安全，进行心理疏导，引导其端正恋爱观，让学生明白什么是真正的爱情。

（2）引导学生倾诉，将内心的压抑与苦闷都吐露出来，减缓压力，重拾信心。

（3）如果学生的单相思对象也是本校学生，可以给双方制造一次见面的机会，有一次良好的沟通，并且帮助单相思学生解除苦闷。

（4）通知家长，建议家长及早进行专业的心理咨询，并根据心理专家的建议进行相应的处理。

（三）危机修复

（1）引导学生参加其他文体活动、技能竞赛等，分散一下注意力，找到大学生活的美好。

（2）在家长到学校之前，安排老师、同学等时刻了解本人的身体心理状况，随时报告行踪，确保其人身安全，防止学生离校出走等极端行为。

（3）被单相思的对象，要提高自身的安全意识，尤其是女生。

（4）若单相思学生做了出格的事情，严格按照学校规章制度进行相应处理。

第四节　性侵害危机事件的处置

一、性侵害相关知识

（一）性侵害含义

性侵害是指加害者以传教、权力、暴力、金钱或甜言蜜语等方式，引诱胁迫他人与其发生性关系，并在性方面对受害人造成伤害的行为。此类性关系的活动包括：猥亵、乱伦、强暴、性交易、媒介卖淫等。

一般认为，只要是一方通过语言或形体的有关性内容的侵犯或暗示，从而给另一方造成心理上的反感、压抑和恐慌的，都可构成性骚扰。

性骚扰和性侵害是危害大学生身心健康的主要问题之一。由于两性的社会地位和角色不同，相对而言，性骚扰和性侵害的对象常以女性居多。

在我国《刑法》上并没有单独的性侵犯概念，区别性侵犯与强奸，都是在理论上的。根据我国《刑法》第236条规定，强奸是以暴力、胁迫或者其他手段，违背妇女意志，强行与其发生性关系的行为。所以，强奸的对象首先一定要是女性，再者主体必须是男性（在我国实务和理论界对强奸罪的理解还是没有涉及女性同性强奸的，女性只能在共同犯罪中成为强奸罪的主体）。还有就是必须有发生性关系的主观动机。而性侵犯包含的范围就比较广了，只要是违背他人意愿，与其进行有关于性方面的活动即可，至于是否异性之间不限，是否发生性关系不限，只要是进行与性有关的活动就可以。在刑法中强制猥亵妇女、儿童就是典型的性侵犯。在实务中的男子强制猥亵其他男性的，也可以对其进行治安处罚或者提起民事诉讼，这都是性侵犯的范畴。所以，性侵犯与强奸是包含与被包含的关系，强奸一定是性侵犯，但性侵犯包含的却不限于强奸。

（二）性侵害形式

1）暴力型性侵害

它是指犯罪分子使用暴力和野蛮的手段，如携带凶器威胁、劫持女学生，或以暴力威胁加之言语恐吓，从而对女学生实施强奸、轮奸、调戏或猥亵等。

2）胁迫型性侵害

它是指利用自己的权势、地位、职务之便，对有求于自己的受害人加以利诱或威胁，从而强迫受害人与其发生非暴力型的性行为。其特点如下：其一，利用职务之便或乘人之危而迫使受害人就范；其二，设置圈套，引诱受害人上钩；其三，利用过错或隐私要挟受害人。

3）社交型性侵害

它是指在自己的生活圈子里发生的性侵害，与受害人约会的大多是熟人、同学、同乡，甚至是男朋友。社交型性侵害又被称"熟人强奸""社交性强奸""沉默强奸""酒后强奸"等。受害人身心受到伤害以后，往往出于各种考虑而不敢加以揭发。

4）**诱惑型性侵害**

它是指利用受害人追求享乐、贪图钱财的心理，诱惑受害人而使其受到的性侵害。

5）**滋扰型性侵害**

滋扰型性侵害的主要形式：一是利用靠近女生的机会，有意识地接触女生的胸部，摸捏其躯体和大腿等处；二是暴露生殖器等变态式性滋扰；三是向女生寻衅滋事，无理纠缠，用污言秽语进行挑逗，或者做出下流举动对女生进行调戏、侮辱，甚至可能发展成为集体轮奸。

（三）性侵害的时间特征

（1）夏天是女大学生容易遭受性侵害的季节。夏天天气炎热，女生一方面穿得单薄，裸露部分较多，对异性的刺激较多；另一方面夏季校园绿树成荫，罪犯作案后容易藏身或逃脱。

（2）夜晚是女大学生容易遭受性侵害的时间。夜间光线暗，犯罪分子作案时不容易被人发现。

（四）性侵害发生的场所特征

公共场所和僻静处所，是女生容易遭受性侵害的地方。这是因为，公共场所如教会、教室、礼堂、舞池、溜冰场、游泳池、车站、码头、影院、宿舍、实验室等场所人多拥挤时，不法分子常乘机袭击女生；僻静之处如公园假山、树林深处、夹道小巷、楼顶晒台、没有路灯的街道楼边，尚未交付使用的新建筑物内，下班后的电梯内，无人居住的小屋、陋室、茅棚等，若女生单独逗留，很容易遭受到流氓袭击。所以，女生最好不要单独行走或逗留在上述这些地方。

二、危机管理

(一) 危机预防

1. 高校方面

(1) 开展多形式的安全教育，增强女性自我保护意识，掌握基本自救技能，在遭受不法侵害时，学习应该采取的应对措施、自救渠道。

(2) 鼓励女生勇敢揭露犯罪，这样可以保护更多的女生。

(3) 举办校园性骚扰或性侵害预防教育宣导活动，可以聘请警官给女生讲解如何防色狼，并进行防身技能训练。提高大学生的自我保护意识和应对性侵害的能力，降低大学生性侵害的概率。

(4) 给大学生普及法律知识，让他们知法懂法，可以更好地保护自己。

(5) 完善校园的各种保护机制，加强校园巡逻，尤其是偏僻地带，增设路灯和保安点，确保校园的和谐安全。

(6) 加强思想道德教育，弘扬积极向上的优良文化，树立正确的人生观、健康的性观念，杜绝腐朽思想的侵蚀。

(7) 加强对学生的管理，完善安全管理规章制度，杜绝安全风险隐患。

2. 大学生方面

(1) 应该树立正确的防范意识，筑起思想防线，提高识别能力。

(2) 女大学生特别应当消除贪图小便宜的心理，对一般异性的馈赠和邀请应婉言拒绝，以免因小失大。

(3) 谨慎待人处事。对于不相识的异性，不要随便说出自己的真实情况，对自己特别热情的异性，不管是否相识都要倍加注意。一旦发现某异性对自己不怀好意，甚至动手动脚或有越轨行为，一定要严厉拒绝、大胆反抗，并及时向学校有关领导和保卫部门报告，以便及时加以制止。

(4) 行为端正，态度明朗。如果自己行为端正，坏人便无机可乘。如果自己态度明朗，对方则会打消念头，不再有任何企图。若自己态度暧昧，模棱两可，对方就会增加幻想，继续幻想，继续纠缠。在拒绝对方的要求时，要讲明道理，耐心说服，一般不宜嘲笑挖苦。

（5）中止恋爱关系后，若对方仍然是同学、同事，不能结怨成仇人，在节制不必要往来的同时仍可保持一般正常往来关系。

（二）处置办法

（1）给学生做心理疏导，此时她或许面对恋人的抛弃，引导学生不管发生什么，都要坚强，没有过不去的坎。

（2）辅导员耐心倾听学生的诉说，给予安慰，再根据受害人的需求提供相应帮助，如社会支持、医药协助等。

（3）如果男友也是本校学生，辅导员和男友好好谈谈，一定要保护好女生。

（4）联系家长，让家长给予女生更多的关爱，少责备，共同帮助学生渡过难关。

（5）如果发生了严重伤亡，联系警方，协助警方进行相应处理。

（三）危机修复

（1）跟踪掌握被害人的适应状况，并依需要给予协助，如果学生确实心理阴影太大，可以建议休学，通过环境和时间来抚平她受伤的心灵。

（2）保护女生的隐私，不能在伤口上撒盐，交代室友注意自己的言行举止，此时的女生比较敏感，说者无意，听者有心。

（3）对伤亡家属进行解释和协商，共同处理此事。

（4）协助受害者，在保护受害者的同时，按正常程序将罪犯绳之以法，消除性侵害安全隐患。

第八章　大学生财产危机事件的处置

大学生进入高校，意味着离开家庭独立生活，一切事情都得靠自己去安排。大学相对于社会比较安全，但并不意味着大学就是"世外桃源"。大学和大学生都不可能独立于社会，况且凡是人群聚集的地方就是社会，从这个角度说，大学本身就是个小社会。总体而言大学生人生经验有限，因此需要提高自身防范意识，慎重交友，妥善保管个人财物，保护个人隐私，不要透露个人重要信息。一旦遭遇盗窃危机、诈骗、敲诈勒索等财产危机，应该正确运用法律武器来维护自己的利益。反之，如果大学生不注意自身道德修养，甚至置法律于不顾，非法侵占他人财产，也将自食其果，受到道德谴责、校规校纪处理或者法律的制裁。

第一节　校园贷危机事件的处置

一、刷单贷危机事件的处置

（一）刷单贷相关知识

1. 刷单

刷单是店家付款请人假扮顾客，用以假乱真的购物方式提高网店的排名和销量，通过销量及顾客好评吸引顾客。刷单，一般是由买家提供购买费用，帮指定的网店卖家购买商品提高销量和信用度，并填写虚假好评的行为。通过这种方式，网店可以获得较好的搜索排名，比如，在平台搜索时"按销量"搜索，该店铺因为销量大（即便是虚假的）会更容易被买家找到。一般可分为单品刷销量为做爆款等做准备和刷信誉以提高店铺整体信誉度两种。刷单是一种违法现象，且诈骗情况居多。

2. 刷单贷

不法分子自称网贷平台职工"刷单冲业绩"，并支付小额佣金作为报酬，以此诱导在校学生用自己的身份信息申请网络贷款，将放款转账至骗子提供的指定账号，骗子会按照约定偿还前几期的月供取得信任，后期骗子拿了放款的钱跑路，尚未偿还的款项仍需由申请贷款的学生自己来偿还。

（二）危机管理

1. 危机预防

1）高校方面

（1）高校要加强对学生的刷单贷教育，让学生充分认识到刷单贷的骗局。

（2）讲授方式可以多样化、新颖化，不仅理论宣讲，而且可以将刷单贷的事件通过话剧的形式展现出来，加深学生印象。

（3）教育学生树立正确的消费观。

（4）给学生提供更多的勤工俭学岗位，对他们的经济开支提供一定保障。

（5）定期进行校园贷的排查，可以签订拒绝校园贷的承诺书。

（6）加强学生法治教育。

纯粹放高利贷的行为在我国《刑法》或《治安管理处罚法》暂时没有对其进行惩罚规范，即放高利贷行为不算是犯罪行为。但是要债的过程中，可能涉嫌犯罪。譬如有些放高利贷的人为了牟取差价，先从银行等金融机构套取贷款后，再用这笔贷款放高利贷赚取差价，此种行为可能就涉嫌犯罪。同时放高利贷往往会有暴力催债、软暴力等外包行为，这种行为涉嫌故意伤害罪。

(7) 给学生普及关于高利贷的法律规定：《合同法》第 211 条规定，自然人之间的借款合同约定支付利息的，借款的利率不得违反国家有关限制借款利率的规定；《民法通则》规定，利息高于银行同期贷款利息 4 倍就属于高利贷；《中国人民银行关于取缔地下钱庄及打击高利贷行为的通知》中规定：民间个人借贷利率由借贷双方协商确定，但双方协商的利率不得超过中国人民银行公布的金融机构同期、同档次贷款利率（不含浮动）的 4 倍。超过上述标准的，超出部分不受法律保护，应界定为高利借贷行为。

超过银行同期同种贷款利率的 4 倍，超出部分不受法律保护，并没有指定是不保护债权人，还是不保护债务人，所以在司法实践中，既不保护债权人，也不保护债务人，即债务人已支付超出 4 倍部分的利息，法院不支持追讨，未支付超出 4 倍部分的利息，法院也不支持债权人追讨，在不涉黑、不涉暴的情况下双方自行协商解决。

2）大学生方面

(1) 大学生要充分认识校园贷的类型，以免上当受骗，严格来说可以分为五类：

电商背景的电商平台——淘宝、京东等传统电商平台提供的信贷服务，如蚂蚁花呗借呗、京东校园白条等。

消费金融公司——如趣分期、任分期等，部分还提供较低额度的现金提现。

P2P 贷款平台（网贷平台），用于大学生助学和创业，如名校贷等。因国家监管要求，包括名校贷在内的大多数正规网贷平台均已暂停校园贷业务。

线下私贷——民间放贷机构和放贷人这类主体，俗称高利贷。高利贷通常会进行虚假宣传、线下签约、做非法中介、收取超高费率，同时存在暴力催收等问题，受害者通常会遭受巨大财产损失乃至自身安全受威胁。

银行机构——银行面向大学生提供的校园产品，如招商银行的"大学生闪电贷"，中国建设银行的"金蜜蜂校园快贷"、青岛银行的"学 e

贷"等。

（2）大学生应充分认识校园贷的套路。

借点短钱，利息不会高。一般起借金额不高，但是会让你越借越多。放贷者一般提供的金额起初只有 3000～5000 元，期限较短。且短期内的利息金额不会高，学生一般不会太敏感。但加上手续费和各类费用，这样基本年化利息高，一旦超过学生还款能力，就需要一直拆东墙补西墙。

砍头息，坑你没商量。砍头息是民间金融业内的行话，指的是放高利贷者或地下钱庄，给借款者放贷时先从本金里面扣除一部分钱，这部分钱就叫作砍头息。

合同条款复杂，内容冗长，部分条款涉嫌欺诈。在分期或者贷款前，少有学生会认真读一遍合同，再按下"确认"键。以校园贷款平台（分期乐）的服务协议标准条款为例，在免责条款里，这些情况下出现任何问题，校园贷款平台不承担责任也不赔偿，比如电信设备出现故障不能进行数据传输的，或是由于黑客攻击、电信部门有技术调整或故障、网站升级、银行方面的问题等原因而造成的服务中断或者延迟。大学生要理性消费，根据自己的实际情况进行消费，不要有攀比心态。

（3）大学生要树立正确的消费观，不盲目消费，不要贪小便宜，天上不会掉馅饼。

（4）大学生要知法懂法，才不至于让对方钻了法律的空子。

（5）不办理和使用大额度信用卡，不给自己犯错的机会。

2. 危机处置

（1）联系学生家长，告知事情的严重性。

（2）根据学生和家长的意愿，选择是否需要报警，如果需要报警，辅导员要积极协助相关事宜。

（3）对受害学生进行心理疏导，没有过不去的坎。一方面，警方会积极努力调查；另一方面，钱乃身外之物，没有什么比生命更重要。

（4）安排人员 24 小时看护好受害者，以免想不通发生意外。

3. 危机修复

（1）召开主题班会，加强教育。

（2）根据受害者的意图，保护受害者隐私，部分受害者会认为自己很笨，如果同学知道了，会很没面子。

（3）告知家长及学生，不要使用大额度信用卡，以免学生自己控制不住，挥霍消费。

（4）帮助学生制订每月、每期消费计划，并定期进行指导检查。

（5）充分了解学生家庭经济情况，对家庭经济困难学生给予更多的经济帮助。

二、培训贷危机事件的处置

（一）培训贷

培训贷一般指培训机构和P2P网络贷款机构进行合作，对培训者进行借贷，培训者以分期付款的方式进行还款。现在招聘公司（实则为培训机构）多借助招聘网站以招聘的形式对求职者进行有偿高额培训。

进行培训贷简要流程为：公司一般以应聘者能力不达标或招聘要求极高，要求应聘者进行岗前培训，产生上万元的培训费（另加高额利息），后续通过贷款软件进行分期还款，然而培训完之后并不会入职，而是要求应聘者另找工作。培训贷针对人群以刚毕业的大学生、转行人员为主。主要体现在以下两点：

第一，学生求职时遇到薪酬优厚的公司，与公司签订实训就业协议时被告知需要交付一笔高额培训费用，很多学生无力缴纳，公司人员表示可以先在公司或者第三方贷款，等挣了工资每个月再还。学生办理贷款后，公司承诺的高薪一分钱没拿到，但因办理了培训贷，欠下了上万元的贷款。

第二，一些非法公司以校内公益讲座的名义，吸引学生参加一对一免费的职业测试。期间，导师不断游说学生加入职业培训班，许以美好愿景，后让学生通过第三方贷款公司无抵押贷款交学费。

中介现象较以前有明显改善，但仍有部分非法职介挖空心思，绕过职业介绍名义，串通培训机构，通过培训名义骗取求职者高额的培训费，以"合法形式"规避劳动监察与公安部门的打击。

培训开始后，求职者往往发现，所谓的专业技能培训简单粗糙，无专业含金量可言。培训合格后，当初声称要招聘的公司早已消失得无影无踪，不仅大额培训费就此打了水漂，更有甚者莫名其妙地背上了大额贷款，每月还需归还培训贷款。

（二）危机处置

1. 危机预防

1）高校方面

（1）加强对在校学生的培训贷套路的普及，提高防范风险的能力。

（2）加强就业观、择业观教育，一步一个脚印踏实努力，不要走捷径。

（3）就业办要严把就业单位关口，对不适合的单位不予引荐到校内招聘。

（4）对家庭经济困难的学生辅导员要建立特别关注档案，经常谈心谈话。

（5）对毕业生要一对一帮扶，随时跟踪了解学生就业情况，出现问题及时给予解决。

2）大学生方面

（1）要树立正确的就业观，经常积极主动找老师沟通交流思想和工作动态，重视找工作的每一个环节。

（2）正确认识校园贷，明确包括培训贷在内的校园贷的风险。

2. 处置办法

（1）接到学生反映，立即举报该公司，提供相关的证据，不让更多的学生上当受骗。

（2）如果合同没有纰漏，不能立案，要协助学生积极和公司沟通，处理退钱事宜。

（3）联系家长，和家长商议尽快妥善处理此事，不给学生更多的精神压力和经济压力。

3. 危机修复

（1）了解班级学生还有多少参与了培训贷，一并进行处理解决。

（2）全校范围内通报该公司和该行为，让更多学生引以为戒。

（3）加强就业办对公司的审核，避免这种公司浑水摸鱼，到校内进行宣讲招聘。

三、裸条贷危机事件的处置

（一）裸条贷相关知识

1. 裸条贷概念

所谓"裸条贷"也叫"裸贷"，即指借款人（多为在校女大学生）通过网络借贷平台借款并设定高额利息，以借款人手持身份证的裸体照作为担保，当借款人不能按期还款时，贷款人以公开其裸照和与借款人父母联系等手段逼迫借款人还款。他们的业务传播方式也是相当专业，线上线下迅速扩展。线下宣传是在校门口、洗手间、宿舍走廊，线上宣传就是以学校贴吧、朋友圈各种放贷平台为主。而他们的目标客户就是25岁以下，年轻貌美，涉世未深的学生们，她们在乎名声，想法又是极致"单纯"。这些姑娘，就算还不上钱，也可以让家人出手相助，借出的钱是很有保障的。当然，借到最后，还款方式也是多种多样的，包养、被迫卖淫。据《人民日报》记者曲哲涵在《"裸条贷"，从头到尾都是罪恶》一文报道，从已经曝光的案件看，"裸条贷"周息高达30%，年息更是高达1564.28%。也就是说，如果一个女生贷了2000元，那么一年以后她就必须偿还3万多元。这么高的借贷利率，简直就是"死亡借贷"，只要沾上就会成为摆脱不掉的噩梦，甚至让一些学生倾家荡产、自杀身亡。显然，"裸条贷"是不受法律保护的高利贷，其抵押方式、催收方式又是很黄很暴力，其行为早已超越了民间借贷的范畴。

2. 哪些情况可以报警

以裸条形式提供的贷款担保，担保形式超出法律规定，且侵犯了当事人的名誉权和隐私权，属于无效担保。裸贷中的贷款者都是游走在法律边缘的危险分子，陷入其中的同学切不可轻易屈服和放弃宝贵的生命，当催款者有如下行为时应果断采取报警行动。

（1）借款公司利用裸照、裸体视频威胁还款及付息，由于所要求付息部分已远远高于国家法律保护部分，并非主张合法权益，已涉嫌构成敲诈勒索罪。

（2）借款公司如传播或出售女生裸照的数量或者牟利达到法定标准，涉嫌传播出售淫秽物品，不足以认定刑事犯罪的，也应受到治安管理处罚。

（3）借款公司如强迫女生欠债肉偿的，涉嫌强迫卖淫，引诱、容留、介绍卖淫，甚至涉嫌强奸罪。

（4）借贷公司将女学生裸照发布到网上，涉嫌侵犯隐私名誉权，是违法行为。如造成传播范围广，浏览量大，或造成受害人或家属精神打击严重，难以正常生活，甚至造成轻生自杀等恶劣后果的将受到法律惩处。

（二）危机管理

1. 危机预防

1）高校方面

（1）加强裸条贷的教育，把利滚利的账目算清楚。

（2）培养学生树立正确的三观，不要攀比，不要虚荣。

（3）教育学生注意保护自己的隐私，不能让裸照随便在网上传播。

（4）加强对学生的生命教育、感恩教育、挫折教育和法治教育。

2）大学生方面

（1）树立良好的道德观，不能因为要钱，而不要声誉，随意给人裸照。

（2）大学生陷入裸贷，应拿起法律的武器保护自己。

（3）掌握校园贷相关知识，明确裸条贷的风险和后果。

2. 危机处置

（1）辅导员对学生进行心理疏导，鼓励学生可以用法律的武器保护自己。

（2）联系家长，安抚家长情绪，部分家长对子女的这种行为无法理解，甚至会有过激行为发生，让家长给予学生更多的关爱，在危急关头陪学生渡过难关。

（3）根据学生和家长的意见，选择是否报警。

（4）协助警方做好调查工作。

（5）在家长到校之前，安排人员对学生进行 24 小时看护，后期可以采取专业心理咨询和朋友互助方式帮助其走出心理阴影。

3. 危机修复

（1）针对女生单独召开主题班会，教育女生自尊自爱。

（2）排查所有女生是否有裸贷的情况，如果有，立即采取相应措施。

（3）加强挫折教育、生命教育和感恩教育，学生能面对任何挫折，珍爱生命，感恩父母，就不会做一些傻事。

第二节　财产诈骗危机事件的处置

一、财产诈骗相关知识

（一）财产诈骗

财产诈骗是指以非法占有为目的，用虚构事实或隐瞒真相的方法骗取款额较大的公私财物的行为。一般不使用暴力，常常是在一派平静甚至"愉快"的氛围下进行的。提防和惩治诈骗分子，需要加强法制建设，更首要的还是大学生自身的审慎防范和努力，保持高度警惕，认清诈骗分子的惯用伎俩，以防止上当受骗。

（二）诈骗者常用骗术

1. 假冒身份，流窜行骗

诈骗分子利用虚假身份、证件等与人交往，骗取财物后迅速离开，且诈骗地点、居住地点不固定。

2. 投其所好，引诱上钩

诈骗分子利用新生入学人地生疏、毕业生择业心切等心理，以帮学生找熟人、拉关系等为学生办事为由行骗。

3. 招聘为名，设置圈套

诈骗分子利用大学生家住贫困地区、家庭困难等信息，抓住学生勤工俭学减轻家庭负担的心理，以招聘推销员、服务员等为诱饵，虚设中介机构收取费用，骗人财物。

4. 以次充好，恶意行骗

诈骗分子利用学生社会经验少，购买商品苛求物美价廉的特点，到宿舍或私自约定的场所销售伪劣商品，骗取钱财。

5. 虚请家教，实骗"财色"

诈骗分子利用假期学生担任家教之机，以虚请家教为名，专找女学生骗取女生的信任，骗财又骗色。

6. 用ATM搞鬼，窃取银行卡，骗取密码，盗取卡内资金

例如，在ATM内装钩子或其他装置，截获客户银行卡，致使设备暂停服务，通过窥视取款密码等方式获取客户密码，从而利用银行卡及密码直接盗取资金；在取款时故意扰乱，致使ATM暂停服务，并通过"指导"操作的方式骗取密码，当客户暂时离开时，取走银行卡到其他ATM上盗取资金。

7. 精心策划，网上行骗

诈骗分子利用学生上网时机，在网上用假名交谈一些不健康的内容。之后打印成文进行恐吓：拿钱了事，不然就交××处理进行威胁，诈骗财物。

8. 骗取信任，寻机作案

诈骗分子常利用一切机会与大学生拉关系、套近乎，或表现出相见恨晚而故作热情，或表现得十分慷慨，以朋友相称，骗取信任后常寻机作案。例如，诈骗分子何某在火车上遇到某高校回家度假的学生杨某，交谈中摸清了该生家庭和同学的一些情况。何某得知杨某同班好友李某假期留校后，便返

身到该校去找李某，骗得李某的信任后受到了热情款待。第二天，8个学生寝室遂被洗劫一空，而何某却不辞而别了。

9. 利用学生的同情心行骗

其主要有以下方式：自称来自某著名高校，在旅游过程中和同伴走失，取款时卡又被取款机吞了，没钱回去于是借钱；称没钱坐车回去或没钱住宾馆；称要毕业了，需要立即给实习单位发传真，可身上的钱又未带足；上网搜索到学生信息，冒充老师、同学与学生的家人联系，谎称他生病或出车祸，急需用钱，让家长速汇钱来；发手机短信称他中奖了，但需要先汇一笔税款；看到学生刚取了款，他们一般都会以借电话卡为由慢慢套近乎，然后说出最终意图——借钱，并将自己的联系方式、学生证、身份证拿给你看，索要你的联系方式、卡号，表示以后会还钱。

(三) 受骗原因

1. 贪图便宜，谋取私利

俗话说：贪小便宜吃大亏。在不少诈骗案中，受害者都是因为谋取个人利益，贪占便宜，轻信他人，而上当受骗。犯罪分子就是抓住了这些人的心理特点进行诈骗的。

2. 思想单纯，缺乏社会生活经验

在大学生宿舍里经常有一些前来寻访的老乡、熟人、同学，或者朋友的朋友、熟人的老乡、同学的同学之类的人。这其中有的是真，有的是假，而我们很多同学缺乏刨根问底的习惯，在不辨真伪的情况下，宁信其有不信其无，而且常常把他人的寻访看作是一种荣耀，因而这些人最易上当受骗。

3. 疏于防范，感情用事

不少人（尤其是新生）心目中大学校园是纯净的，没有形成防范的概念，这在客观上给诈骗分子以可乘之机。特别是有的人同情心过强，禁不住别人几句好话和可怜的求助，并受在家靠父母、在外靠朋友的观念的影响，轻易相信他人，这也是容易上当受骗的另一个原因。

4. 有求于人，轻率行事

每个人免不了有求他人相助的事，能否如愿这就要看是何事，对象是谁，如果不分青红皂白，为达目的而轻率交友，弄不好会上当受骗。据调查，当前，大学生容易被利用的心态是：想经商助学而缺乏经商的实际经验；急欲成名爱慕虚荣而疏于戒备；想分配到理想的工作单位而缺少门路等。

二、危机管理

（一）危机预防

1. 高校方面

（1）加强对财产诈骗危机的宣传教育。通过课堂、校园广播、LED 屏、宣传橱窗、宣传标语等进行正面教育。在关键时间节点，如新生入学、毕业季等强化宣传。

（2）加强对大学生的教育管理。通过主题班会、团体心理辅导等多种形式，帮助其树立正确的三观，增强大学生自我防范意识，不贪图小便宜，要脚踏实地做事。

2. 大学生方面

1）识破伪装身份

诈骗分子常常以各种假身份出现：国外代理商、某领导亲属、华侨、军官等。有时用"托"称来人是某首长的司机等。遇这种情况不要急于表态，不要草率相信，要仔细观察，从言谈话语中找出破绽，辨别真伪。

2）识破手法变化

诈骗分子常常变换手法，如改变姓名、年龄、身份、住址等。此地用 A 名，换地用 B 名，而诈骗分子一身多职，时而港商，时而华侨，时而高干子弟，时而专家学者，但全是假身份。因此要发现对方多变的现象，从中引起警惕找出疑点，识破其真面目。

3）注意反常

如果对犯罪分子仔细观察其一言一行、一举一动，就会发现有反常现象：别人办不了的事他能办到，别人买不到的东西他能买到，别人犯法他能担保等。这些与常规差距很大，虚假性就越大。因此对这些谎言，要冷静思考识破骗局。

4）当心麻醉剂

诈骗分子为了达到目的，有时也用害人本领，有时宴请，有时赠礼或投其所好，不惜花本，吃小亏占大便宜诱你上当。

5）主动出击，打破骗局

通过犯罪分子的讲话口音、言谈内容以及对当地的风土人情、地名地点，对社会的了解等识破其真面目；从犯罪分子的举止行动、行为习惯、业务常识、所谈及人的姓名、职务、住址、电话等，判断其真伪；从身份证中核实其人，并千万牢记"没有免费的宴席，天上不会掉馅饼"。这样就能防止或减少被骗。

6）其他方面

（1）不要将个人证件借给他人，以防被冒用。

（2）不要将个人信息资料（如：账号、密码、住址、电话、手机等）随意提供给他人，以防被人利用。

（3）对陌生人切不可轻信，更不要将钱借给陌生人。

（4）防止以求助或利诱为名的诈骗行为，一旦发现可疑，应及时向父母、老师或保卫处（派出所）报告。

（5）切不可轻信张贴广告或网上、电话中的信息，勤工助学、求职应聘等必须经过正规渠道，防止上当受骗。

在日常生活中，要提高防范意识，学会自我保护；谨慎交友，不以感情代替理智；同学之间相互沟通、互相帮助；遇有不明问题，充分依靠组织、老师和同学；自觉遵纪守法，不贪占便宜；发现诈骗行为，及时报警。

（二）危机处置

（1）第一时间报警，期待警方能把被诈骗的财物寻回。

（2）联系家长，让家长给予学生更多的安慰，不要让学生因为被诈骗想不通，伤害自己或者他人。

（3）在家长来校之前，安排专人看守受骗学生，以免发生意外。

（4）给予学生一定的经济援助，帮助学生渡过难关。

（5）辅导员对学生进行心理疏导，别让学生认为自己很笨，只怪诈骗分子太狡猾。

(三) 危机修复

（1）根据受骗学生意愿，进行隐私的保护。部分学生内心很脆弱，不愿意让同学见到自己被诈骗。

（2）加强对学生的宣传教育，随着时代的进步，诈骗分子也越来越狡猾，诈骗花样百出，有些难以识别，宣传教育的内容一定要及时更新。

（3）教育学生不要贪财，天上没有白掉的馅饼，遇到好事多问几个为什么，提高警惕。

第三节　敲诈勒索危机事件的处置

一、敲诈勒索相关知识

(一) 敲诈勒索含义

敲诈勒索罪是指以非法占有为目的，对被害人使用威胁或要挟的方法，强行索要公私财物的行为。《中华人民共和国刑法》第二百七十四条：敲诈勒索公私财物，数额较大或者多次敲诈勒索的，处三年以下有期徒刑、拘役或者管制，并处或者单处罚金；数额巨大或者有其他严重情节的，处三年以上十年以下有期徒刑；数额特别巨大或者有其他特别严重情节的，处十年以上有期徒刑，并处罚金。敲诈勒索罪是一种重要的侵犯财产罪，其犯罪对象是公私财物。有学者认为，敲诈勒索罪的对象是复合的，包括人和公私财产。从敲诈勒索罪的客观要件入手，敲诈勒索的客体只能是财产所有权，因而其犯罪对象只包括公私财物，而不包括人。

（二）敲诈行为产生的原因

校园敲诈行为产生的原因是多方面的，主要可归结为以下三点。

其一，少数学生受到社会上拜金主义、享乐主义思想的影响，并从敲诈的过程中获得一种欺负弱者的心理满足，轻易得手的钱财更刺激他们反复实施敲诈。实施敲诈行为的学生对自己行为的严重性普遍认识不足，认为至多是违反校纪，而根本意识不到这是一种违法犯罪行为。

其二，一般情况下，被敲诈的学生家庭经济条件较好，属于"校园贵族""少年大款"，很容易成为被敲诈对象。他们普遍认为受人欺负是懦弱的表现，是丢人的事，也怕遭到报复，便自认倒霉，不报告学校和家长，因而使敲诈者的行为不能被及时发现纠正。

其三，家长对子女的生活、学习很关心，但对思想情况缺乏了解，对其思想上的不良苗头不能及时发现，平时教育得少。一般说来，学习困难、经济困难的学生易产生敲诈行为。

二、危机管理

（一）危机预防

1. 高校方面

（1）加强对大学生的财产安全教育，加强对法律知识的普及。

（2）辅导员多了解学生的学习、工作和生活情况，发现苗头及时查找问题，找出问题症结，帮助学生第一时间解决问题，将危机扼杀在萌芽状态。

（3）教育学生增强防范意识。不准学生穿奇装异服，不准学生使用奢侈品等高消费产品，来显摆自己的家世，以引起别人的妒忌、觊觎。提倡以预防为主，大力进行宣传，提高全体师生的法律意识与自我保护意识，共建美好的生活环境。

（4）家和学校以及社会合力，消除校园敲诈。校园敲诈应当引起全社会尤其是教育工作者的足够重视，并采取切实有效的对策加以解决。应切实抓好对后进生的转化工作，不让一个学生掉队。注意保持与家长的联系和沟通，让家长及时了解孩子的心理变化，对不良苗头及时加以矫正，防微杜渐。

2. 大学生方面

大学生要加强自我修养和防范意识、法治意识，既不能敲诈勒索别人，也不能被别人敲诈勒索。

如遇暴力敲诈勒索，根据实际情况可以采取以下几种方法进行应付。

（1）反抗法。当对方力量与你相当或不及你时，一定要寻找对方的薄弱之处，乘其不备，控制对方；如发现地上有反击物（石块、木棒）时，可佯装蹲下系鞋带捡起震慑对方。

（2）感召法。通过讲道理，晓以利害，开导对方；或义正词严地怒目斥责对方，使其自我崩溃，放弃违法犯罪行为。

（3）周旋法。佯装服从，稳住对方，分散其注意力，寻机脱身报警，可以尽量跑向人多的地方，分散敲诈者的注意力。当然，逃跑的时候也要抓住时机，不要一味地蛮撞、硬冲。

（4）耍赖法。突然倒地打滚或喊叫号哭，引来围观者，趁机报警。

（5）呼叫法。突然大吼"救命啊！"引来旁观者，伺机脱身。

（6）认亲法。当不远处有大人时可佯装认识，直呼"二叔""三婶"。

（7）放线法。佯装害怕，暂时答应对方条件，约定时间、地点交钱物，待对方离开后报警。

（8）抛物法。把书包或身上值钱的物品向远处抛去，当歹徒忙于捡钱时，快速脱身报警。如独自一人时遇到敲诈，不要有"搏一搏"的心态，毕竟势单力薄，况且宝贵的生命也只有一次，切不可鲁莽。应当尽量拖延时间，寻找求救的机会。如果真的无法得到援助，可以将身上少量的钱交给他们，或者借口改时间再交，以免自己受害。但同时要记住敲诈者的相貌、口音，以便报警。遇到敲诈，最理智的方法就是寻求警方的帮助。不要因为怕被报复，而忍气吞声，助长了这类违法犯罪行为。

（二）危机处置

（1）如果敲诈者是学生，找学生谈话，让学生充分认识到自己的问题在哪里，如果触犯了法律，移交公安机关处理。

（2）如果敲诈者是社会人士，建议受害者报警，勇敢站出来，以免犯罪分子肆无忌惮，祸害其他人。

（3）辅导员找受害学生进行心理疏导，帮助其重拾自信，下一次遇到困难拿不定主意时，可以咨询老师、同学和家长。

（4）联系家长，和家长共同做好学生的教育工作。

（三）危机修复

（1）召开主题班会，对学生进行集体强化教育。

（2）教育学生树立正确的三观，如不得以任何理由实施诈骗行为。

（3）宣传教育，让学生知法懂法，不要以为不知者无罪，违法必受惩处。

（4）根据学生管理办法，给予当事人相应的校纪处理。

第四节　校园盗窃危机事件的处置

一、盗窃相关知识

（一）盗窃

盗窃是指以非法占有为目的，秘密窃取或占有公私财物的行为。盗窃是一种常见并为人深恶痛绝的违法犯罪行为。校园盗窃行为也会给校园带来不安全因素，因而预防和打击盗窃案件，必须提高大学生防盗意识，了解校园内盗窃犯罪的基本情况、基本规律和基本特点，掌握防盗的基本常识、基本方法和基本技能。

（二）盗窃特征

（1）侵犯的客体是公私财物的所有权。

(2) 客观方面表现为行为人实施了秘密窃取数额较大的公私财物或者多次盗窃的行为。

(3) 本罪犯罪主体是一般主体，即年满16周岁并具有刑事责任能力的自然人都可以构成本罪。不满16周岁的人实施了盗窃行为不构成犯罪。

(4) 本罪在主观方面只能由故意构成，并且具有非法占有的目的。

(三) 校园行窃方式

高校是一个小型社会，具有校园面积大、人口集中、场所复杂等特点。随着高校教育产业化、规模化和后勤社会化程度日益提高，社会相互交叉，相互渗透。校园小社会受大社会的影响，校园盗窃案件越来越严重，已成为校园一大公害，所以必须提高大学生的安全防范意识。学校盗窃案件的行窃方式主要有以下几种。

(1) 顺手牵羊是指作案分子趁主人不备，将放在床上、桌上、走廊、阳台等处的财物信手拈来而占为己有。

(2) 乘虚而入是指作案分子趁主人不在、房门抽屉未锁之机入室行窃。这类作案分子的盗窃手段要比"顺手牵羊"者更加胆大妄为，其胃口也比"顺手牵羊"者更大，不管是现金、存折、信用卡或者是钱包、手机、电脑等贵重物品，只要一让他看到，就可能统统被盗走。

(3) 窗外钓鱼是指作案人用竹竿等工具在窗外将被害人的衣服勾走。有的甚至把窗户弄坏，勾走被害人放在桌上、床上的衣物。因此，住在一楼或其他楼层靠近走廊窗户的同学，如果缺乏警惕性则很容易受害。

(4) 翻窗入室是指作案人翻越没有牢固防范设施的窗户进行入室行窃。入室窃得所要财物后，又堂而皇之地从大门离去，因此窃贼有时不易被发现。

(5) 撬门扭锁是指作案分子使用各种工具撬开门锁而入室行窃，这种犯罪分子胆大妄为，入室后还继续撬抽屉或柜子上的锁。翻箱倒柜，从而盗走现金、各种有价证券和各类贵重物品。采用这种方式的犯罪分子基本上是外盗。

(6) 用 A 的钥匙开 A 的锁是指作案分子用 A 随手乱丢的钥匙，趁 A 不在宿舍时打开 A 的锁，包括门锁、抽屉锁、箱子上的锁，从而盗走现金和贵重物品等。这类作案人大都是与 A 比较熟悉的人。

（四）校园发生盗窃案的原因

由于高校中个别学生安全意识淡薄，防范意识不强，警惕性不高，随意摆放贵重物品，使不法分子有机可乘，容易造成财物被偷，主要有以下几个方面的原因。

(1) 混编宿舍，人员较乱，互不了解。因上课、外出时间不统一，容易被盗窃分子钻空子。

(2) 马虎大意，缺乏警惕。宿舍每人一把钥匙，外出时互相依赖忘了锁门，夏季休息不关门窗，给盗窃分子可乘之机。

(3) 随意留住外人。有的同学在社交中认识一些校外人员，带回学校，随意留住。由于了解不深、情况不明使窃贼乘机作案。

(4) 宿舍钥匙随意借给他人，钥匙管理混乱，容易发生财物的丢失。

(5) 新生入学、老生离校及节假日时，人员较乱且流动较大，宿舍容易发生被盗，并且此时学生手中现金较多，损失相对较大。

(6) 有些同学在上课或到教室自习时，携带手机、平板电脑等贵重物品及现金，课间休息、下课后、自习睡觉时将上述钱物随意放在书包、抽屉内。因人员较乱或教室无人，发生丢失。

二、危机管理

（一）危机预防

1. 高校方面

(1) 加强安全教育，使大学生提高警惕，提高自我防范和自我保护能力。要拓展安全教育的广度和深度，从典型案例教育着手，在事故多发原因、防范重点、警示提醒等方面加强宣传、教育和引导，从根本上提高学生自主防范的意识，提高自我保护的能力。

（2）加大法制宣传教育，增强法律意识。高校内盗窃案件的发生暴露出部分学生在法制教育方面存在诸多盲点。虽然高校开设了法律基础等课程，但并没有深入人心。因此需要适当进行普法宣传，将法制宣传教育覆盖到每位同学，使他们既敬畏法律，遵纪守法，又信任法律，依法行事，及时报警，惩戒坏人。

（3）加强基础文明教育，提高思想道德水平。校内盗窃案件的特点之一是作案人与受害人都是在校学生，因此要从根本上防范和减少内盗行为就一定要加强学生的思想道德教育，要帮助学生树立科学的世界观、人生观、价值观，与传统国学教育相结合，扎实提升大学生思想道德水平。

（4）加强特殊学生的动态管理，提高工作精细化管理水平。密切关注特殊学生的动态，对特殊学生的管理做好动态跟踪档案并做阶段性总结，重视在一段时间之后关注度下降和容易遗忘的管理工作，避免动态管理"一阵风"情况，提高学生教育管理的精细化水平。

（5）重视困难学生的心理健康。大学生本身就承受着来自生活、学习和人际关系上多方面的压力，情绪常常被刺激和诱导，却又为此担忧，因此产生心理冲突。而经济困难学生长期以来承受经济的压力，使得他们的心理比其他人更脆弱，往往伴随着心理障碍。如果不能准确地了解情况并及时化解，容易产生不良后果。因此应重视经济困难学生的心理健康，运用适当的方法及时帮助他们化解。

2. 大学生方面

1）树立防盗意识，冷静应对

（1）在第一时间报告学校保卫部门，同时封锁和保护现场，不准任何人进入，现场所有人员要积极配合。不得翻动现场的物品，学生切不可急急忙忙地去查看自己的物品是否丢失。保护好现场，这对公安人员准确分析、正确判断侦察范围和收集罪证，有十分重要的意义。

（2）发现嫌疑人，应立即组织同学进行堵截，力争当场捉拿。

（3）配合调查，实事求是地客观回答公安部门和保卫人员提出的问题。

积极主动地提供线索，不得隐瞒情况，知情不报，学校保卫部门和公安机关有义务、有责任为提供情况的同学保密。

(4) 如果发现存折、银行卡、信用卡被窃，应当尽快到银行挂失，尽量将损失降到最低。

2) 充分了解防盗的基本方法

防盗的基本方法有人防、物防和技防三种。其中，人防是预防和制止盗窃犯罪唯一可靠的方法。物防是一种应用最为广泛的基础防护措施。而技术防范，则是可及时发现入侵、能够替代人员守护且不会疲劳和懈怠，可长时间处于戒备状态的更加隐蔽、可靠的一种防范措施。对于高校学生来说，最重要的是做好教室和宿舍的防盗工作，保护好自己和同学的财物。这不仅是个人的事，而且也是全宿舍、全班乃至全校学生共同关心的大事。

学生宿舍和教室的防盗工作，要注意做到以下几点。

(1) 最后离开教室或宿舍的同学，要关好窗户锁好门，千万不要怕麻烦。同学们一定要养成随手关灯、随手关窗、随手锁门的习惯，以防盗窃犯罪人员乘虚而入。

(2) 不要留宿外来人员。学生应该文明礼貌、热情好客，但决不能只讲义气、讲感情而不讲原则、不讲纪律。如果违反学校学生宿舍管理规定，随便留宿不知底细的人，就等于引狼入室，一旦发生事故则后悔莫及，这种教训是惨痛的。

(3) 发现形迹可疑的人应加强警惕、多加注意。作案人到教室和宿舍行窃时，往往要找各种借口，如找什么人或推销什么商品等，见管理松懈、进出自由、房门大开，便来回走动、窥测张望、伺机行事，摸清情况、瞅准机会后就撬门扭锁大肆盗窃。遇到这种可疑人员，同学们应主动上前询问，如果来人确有正当理由一般都能说清楚，如果来人说不出正当理由，又说不清学校的基本情况，疑点较多，其神色必然慌张，则需要进一步盘问，必要时还可请他出示身份证、学生证、工作证等身份证明，经核实身份无误又未发现带有盗窃证据的，可交值班人员记录其姓名、证件号码、进出时间后请其离去。如果发现来人携带有可能是作案工具或赃物等证据时，可一方面派人与其交谈以拖延时间，另一方面打电话给学校保卫部门尽快来人做调查处理。

（4）注意保管好自己的钥匙，包括教室、宿舍、箱包、抽屉等处的各种钥匙，不能随便借给他人或乱丢乱放，以防"不速之客"复制或伺机行窃。

（5）个人信息、财物不可泄露，以防交友不慎，有用信息被身边不良人员利用伺机作案。

3）特殊物品的防盗措施

（1）现金。现金是一切盗窃分子图谋的首选对象。最好的办法是将现金存入银行。尤其是数额较大时，更应及时存入银行并加密码。密码应选择容易记忆且又不易解密的数字，千万不要选用自己的出生日期做密码。这是因为，一旦存折丢失很容易被熟悉的人冒领。发现存折丢失后，应立即到所存银行挂失。

（2）各类有价证卡。目前，学校已广泛使用校园一卡通进行账目结算，学生无须携带大额现金。这些有价证卡应当妥善保管，防止丢失或被人盗用。各类有价证卡最好的保管方法，就是放在自己贴身的衣袋内，袋口应配有纽扣或拉链。如果参加体育锻炼等项活动必须脱衣服时，应将各类有价证卡锁在自己的箱子里，并保管好自己的钥匙。

（3）贵重物品。如手机、手表、电脑、高档衣物等，较长时间不用的应该带回家中或托给可靠的人（一般为自己老师）代为保管。寝室的门锁最好是能防撬的，门锁钥匙不要随便乱放或丢失。在价值较高的贵重物品、衣服上，最好有意地做上一些特殊记号，即使被偷走将来找回的可能性也会大一些。

（二）危机处置

（1）接到学生反映后，第一时间了解相关情况，进行排查，一般情况都是寝室内部人员。

（2）与寝室所有成员均单独谈话，将掌握到的全部信息进行汇总分析，同时在谈话时充分利用心理学知识进行察言观色。

（3）给保卫部报备，可以由保卫部协助处理偷盗事件，帮助查看监控录像，在东西被盗前后，是否有可疑人员进出该宿舍。

（4）根据事件的严重程度，选择是否报警，交由警方处理。

（5）破案后，联系双方家长，到校协商赔偿等相关事宜。

（三）危机修复

（1）根据学生管理办法，对偷盗学生进行相应处理，严重者，等待公安机关的处理。

（2）如果被盗学生没有生活费，可以给予一定的经济帮扶，尽最大努力帮助其渡过难关。

（3）加强对学生的教育，经常开展文明宿舍等相关活动，增进寝室友谊。

（4）对嫌疑人进行教育疏导，了解是什么原因导致他铤而走险，是家庭贫困、学习压力、心理疾病还是发生经济危机等，有针对性地进行解决。

（5）进行校规校纪、法律法规、思想道德教育及人生观和价值观教育，重点在于从思想上根除毒瘤。

第九章　大学生意外事故危机事件的处置

意外事故危机事件是在学生没有事先预见或违背其主观意愿的情况下受到人身侵害的事件。意外事故危机事件包括交通事故危机事件、自杀危机事件、食物中毒危机事件、校园火灾危机事件、地震危机事件等等，这些危机事件不仅危及师生生命安全，而且还影响学校正常教学生活秩序。因此，学生工作者在处置这类事件时，要做出快速关键决策，以便将损失降到最低。

第一节　交通事故危机事件的处置

随着国家经济的迅速发展，私家车数量越来越多，校园内外车流量急剧增加，交通事故已成为威胁人身安全最主要的隐患之一。作为高校学生工作者，要做好事故预防和交通事故危机事件的及时有效处置，保障师生安全。

一、交通事故相关知识

（一）交通事故定义

交通事故是指车辆在公路、街道或其他道路上运行时引起或所发生的死人、伤人或物件损失的事故。车辆包括机动车和非机动车，机动车包括各类汽车、摩托车和拖拉机等，是用发动机或电动马达驱动的车辆。非机动车包括畜力车和自行车等。道路是指公路、街道、胡同、里巷、广场、停车场等供公众通行的地方。其中供车辆行驶的为车行道，供人通行的为人行道。与道路成为一体的桥梁、隧道、轮渡设施以及作业道路用的电梯等包括在道路中，作为道路附属设施。

交通事故发生后，各当事人因事故发生原因、责任认定、损害赔偿责任的承担等事项发生法律纠纷的案例，统称为交通事故案例，要进行赔偿。

（二）交通事故分类

从交通事故的对象来分，可分为车辆间事故、车辆对行人的事故、车辆对自行车的事故、车辆单独事故、车辆与固定物的碰撞事故以及铁路道口事故等。车辆间事故即车辆与车辆碰撞的事故，包括正面碰撞型、追赶碰撞型、侧面碰撞型以及接触性碰撞型等。车辆对行人的事故包括车辆在车行道、人行道压死、撞伤行人的事故，也包括车辆闯出路外所发生的压死撞伤人的事故。车辆对自行车的事故包括机动车辆在机动车行车道和自行车道压死、撞伤骑自行人的事故。车辆单独事故包括翻车事故以及坠入桥下或江河的事故。车辆固定物碰撞事故是指车辆与道路上的作业结构物、路肩上的灯杆、交通标志、广告牌杆、建筑物以及路旁的树木等相撞的事故。铁路道口事故是指车辆行人在铁路道口被火车撞死、撞伤的事故。

按违反交通规则的对象来分，可分为机动车事故、非机动车事故和行人事故三种。机动车事故是指机动车负主要责任的交通事故，包括机动车单独、机动车与机动车、机动车与摩托车、机动车与自行车、机动车与行人以及机动车与火车六种情况。非机动车事故主要是指自行车事故，是指骑自行车人过失或违反交通规则所造成的交通事故，包括自行车单独、自行车与机动车、自行车与自行车、自行车与其他非机动车、自行车与行人以及自行车或其他非机动车与火车等七种情况。行人事故是指由于行人过失或违反交通规则而发生的交通事故，包括行人负主要责任的机动车和非机动车压死或撞死行人的事故，也包括火车在铁路道口撞死撞伤人的事故。

（三）如何遵守交通法规

1. 在道路上行走，应走人行道，无人行道时靠右边行走

走路时要集中精力，眼观六路，耳听八方；不与机动车抢道，不突然横

穿马路、翻越护栏,过街走人行横道;不闯红灯,不进入标有"禁止行人通行""危险"等标志的地方。

2. 选择合适的车辆出行

乘坐长途客车、中巴车时不能贪图便宜乘坐车况不好的车,不要乘坐黑巴、摩的,因为这些车辆安全没有保障。乘坐火车、轮船、飞机时必须遵守车站、码头和机场的各项安全管理规定。

3. 乘坐公共交通工具注意安全

乘坐公共车辆,应该遵守公共秩序,讲究社会公德,注意交通安全。候车时,应依次排队,站在道路边或站台上等候,不应在车行道上拥挤,更不准站在道路中间拦车。上车时,应等汽车靠站停稳,先让车上的乘客下完车,再按次序上车,不能争先恐后。上车后,应主动买票,主动让座给老人、病人、残疾人、孕妇或怀抱婴儿的乘客。车辆行驶时,要拉住扶手,头、手不伸出窗外,以免被来往车辆碰擦。下车时,要依次而行,不要硬推硬挤。下车后,应随即走上人行道。需要横过车行道的,应从人行道内通过;千万不能在车前车尾急穿,这样很不安全。

4. 严禁乘黑车

大学生外出旅行或走亲访友,或往返家与学校途中,禁止乘坐黑车,因为黑车具有很大危险性。黑车的危害可以概括为以下几点:

(1) 严重影响道路交通秩序和安全。黑车司机职业道德观念淡薄,完全以追求钱财为目的,未在交通监管部门备案,存在较大安全隐患。

(2) 极易引发社会不安定因素。黑车司机身份复杂,素质参差不齐,有的黑车聚集点甚至有拉帮结派的倾向。黑车强揽、敲诈、勒索乘客的事件频发,有的甚至谋财害命,严重影响了乘客的出行安全。乘坐黑车的价格与出租汽车相比往往并不便宜,当正规出租车被排挤出市场后,黑车对部分区域进行垄断,黑车司机对于乘客能"宰"就"宰",甚至发生车辆行驶半路后以言语、器械威胁乘客,恶意加价。

(3) 乘客合法权益没有保障。正规客运车辆在法规强制下都购买了承运人责任险,这是国家为了保护道路运输受害人能够得到及时救助或赔偿而采取的一项强制保险,出租汽车均为乘客购买了意外伤害保险,一旦发生交通事故能维护乘客权益,承担相应赔偿责任。

(4) 黑车司机身体健康状况堪忧。在执法部门历年来查获的黑车司机中,一些人的身体健康状况令人担忧。其中,患有精神疾病、传染性疾病的占有相当的比例,甚至肢体残疾影响正常驾驶的人员也在从事黑车营运,对乘客的健康甚至生命安全带来巨大隐患。这些黑车没有正规的组织,司机也缺乏相应的管理,而正规的出租汽车从业人员由单位统一管理,会对从业人员的身体状况定期进行体检,确保从业人员身体健康,保证市民百姓的出行安全和人身健康。

(四) 非机动车安全知识

大学生骑自行车、人力三轮车、电动助力车等非机动车相比开小汽车的概率更大,出行更要注意交通安全,以减少不必要的矛盾和伤害。一般应注意遵守如下交通安全法则。

(1) 在划分机动车道和非机动车道的道路上,自行车应在非机动车道行驶。

(2) 在没有划分中心线和机动车道与非机动车道的道路上,机动车在中间行驶,自行车应靠右边行驶。

(3) 自行车、三轮车或残疾人专用车的车闸、车铃、反射器必须保持有效。

(4) 自行车和三轮车不准安装机械动力装置。

(5) 不准双手离把,攀扶其他车辆或手中持物。

(6) 自行车在大中城市市区或交通流量大的道路上载物,高度从地面算起不准超过1.5米,宽度左右各不准超出车把15厘米,长度前端不准超出车轮,后端不准超出车身30厘米。

(7) 自行车转弯前须减速慢行,向后瞭望,伸手示意,不准突然猛拐。

(8) 超越前车时,不准妨碍被超车的行驶。

(9) 通过陡坡、横穿四条以上机动车道或途中车闸失效时，须下车推行。下车前须伸手上下摆动示意，不准妨碍后面车辆行驶。

二、危机处理

（一）危机预防

1. 高校方面

（1）加强对大学生的交通安全教育。虽然大小班会都讲过，各种宣传也做了，但是大学生发生交通事故的人员仍然不少，因此让交通安全入脑入心，是一个永恒的话题。

（2）加强对学生夜间的外出管理。

（3）进行交通安全法律知识普及。学生要接受正规、系统、定期的道路交通安全法律知识学习，学习《中华人民共和国道路交通法》等法律、法规，提高学生的道路交通安全知识水平。

（4）鼓励和引导学生自觉遵守交通法规。

（5）学校积极促进和强化学校周边可能引起各类交通安全事故隐患的排查和整改工作，彻底消除隐患。

（6）及时掌握学生的动态，如果有人在夜间寝室关门前半小时慌慌张张出寝室，班团干部要留意，帮助辅导员及时发现问题，解决问题，可能会避免一些交通事故危机事件。

2. 大学生方面

（1）提高交通安全意识。若是校内还是校外，发生交通事故最重要的原因是思想麻痹，安全意识淡薄。作为一名在校大学生，遵守交通法规是最起码的要求。若没有交通安全意识很容易带来生命之忧。

（2）掌握基本的交通安全常识。

（3）自觉遵守交通法规。

（二）危机处置

（1）控制肇事者。不管是在校内还是校外发生的交通事故，第一时间记住肇事者的特征和肇事车辆的车牌号，如果可以，尽量控制肇事者，如果不能控制，可以求助周围人帮忙。

（2）保护现场。辅导员接到通知后，应该立即汇报分管领导，并赶往现场，做好保护现场、控制肇事者的工作，协助交通部门对此交通事故进行认定。

（3）若学生受伤，学生或者辅导员应该立即拨打120，迅速送往医院进行救治。同时辅导员要通知学生父母，在父母赶来之前，征得父母同意，垫付医疗费用，积极进行抢救。

（4）等家属到学校或医院后，安排专人进行陪护，做好后勤服务工作。

（三）危机修复

（1）协助交通部门进行交通事故认定，为学生争取正当利益。

（2）将情况报告学校学工部、保卫部、宣传部和信息技术中心等职能部门。

（3）对事故当事人进行心理疏导，避免留下心理阴影后影响后续的学习、工作和生活。

（4）信息技术中心要随时监控网络上的舆论，适当时候要在网络上正面发声，不给网络上造谣传谣制造机会。

第二节 自杀危机事件的处置

学生自杀现象引起社会的广泛关注，加强学生安全教育，避免出现学生自杀事件已经成为高校安全工作的重要内容。如何在学生当中开展生命教育，做好相应的预防工作，同时及时妥善处置大学生自杀危机事件是高校学生工作者做好学生工作的重要课题之一。

一、自杀相关知识

（一）自杀

自杀是自愿并主动结束自己生命的行为，是一种自我毁灭的极端方式，是我国乃至全世界亟待解决的一个重要医学和社会问题。大学生自杀作为一种特殊的社会现象，包括社会、经济、文化、环境、心理等复杂原因。

(二) 大学生自杀的影响因素

1. 心理障碍

其实每个人都有一定的心理问题，关键看个人如何调节，如何释放。做得好则问题迎刃而解，反之则会走向极端。当大学生在生活或学习的过程中，遇到了困难或挫折，有些不能自我调节，这些人往往在心理上出现觉得无能力、无希望、无帮助的"三无"心理疾病。如果此时仍没人帮助其分析解决问题，就会产生自杀的冲动。每个人都会产生冲动，这就需要有冲动控制或者冲动引导机制，或者由于外部事物将构成冲动的精神能量释放；反之，则易发生自杀情况。

2. 生理疾患

有些天生的疾患是无法改变和治愈的。其中有些人顶着别人异样的眼光，跨过高考的羁绊，进入了大学。但随着年龄的增加，自我意识越来越强，这种压力会逐渐增大。他们可能就会越来越觉得自卑，觉得命运不公平，继而产生轻生的念头，最终酿出悲剧。

3. 学习和就业压力大

这种现象往往在重点大学出现比较多。一般情况下，当某个学生考入重点大学时就会觉得就业前景比较好。当面临的事情发生变故时，如成绩落后、学的专业不满意等，有些同学就会受不了。可能会觉得对不起家人或觉得将来无法找到好的工作，感觉上学已经没有用了，而回家又觉得丢人，就会产生轻生的念头。

4. 情感挫折

情感挫折是大学生自杀的又一重要原因，有近一半的大学生自杀是因为恋爱失败。若是被遗弃或者是结束一段感情，若是责任在对方还是在自己，他（她）没有能力收拾好这个残局，或是没有能力处理这种所谓的问题和困难。

5. 经济压力、家庭因素

这两个方面的影响可以说是相并的。经济压力往往来自于家庭，当父母所创的家境不好时，这种压力无形产生。家庭因素还包括父母离异造成的家庭创伤，作为儿女无法承受这种现实，并且在父母离异后，双方往往会减少对子女的关怀，造成儿女心理偏差。再就是父母对子女过分干预，把自己的意愿强行加给子女，而忽视了子女实际情况及他们的内心感受，造成他们心灵的创伤。

6. 环境适应不良、媒体诱导

环境适应不良、媒体诱导也是造成大学生自杀不断增多的原因。大多自杀者都性格内向，不善于与外界环境交流、联系，这些信号的覆盖范围很小，也难以引起人们的注意，所以应加大关注力度。

（三）法国社会学家涂尔干对自杀的分类

19 世纪末，法国社会学家涂尔干由于其对自杀原因的解释和分类而受到学者的重视。涂尔干认为，自杀并不是一种简单的个人行为，而是对社会的反映。涂尔干还根据社会对个人关系及控制力的强弱，把自杀分为四种类型。

1. 利他性自杀

利他性自杀指在社会习俗或群体压力下，或为追求某种目标而自杀。常常是为了负责任，牺牲小我而完成大我。如屈原投身汨罗江，以死唤起民众的觉醒；孟姜女哭长城，殉夫自杀；疾病缠身的人为避免连累家人或社会而自杀等。这类自杀者的共同心理是死是有价值的，是唯一的选择。涂尔干认为在原始社会和军队里这类自杀较多，在现代社会里越来越少。

2. 自我性自杀

自我性自杀与利他性自杀正好相反。指因个人失去社会之约束与联系，对身处的社会及群体毫不关心，孤独而自杀。如离婚者、无子女者。涂尔干认为这类自杀在家庭气氛浓厚的社会发生机率较低。

3. 失调性自杀

失调性自杀指个人与社会固有的关系被破坏。例如，失去工作、亲人死亡、失恋等，令人彷徨、不知所措、难以控制而自杀。

4. 宿命性自杀

宿命性自杀指个人由于种种原因，受外界过分控制及指挥，感到命运完全非自己可以控制时而自杀。如监犯被困的密室中等。

（四）中国学者对自杀的分类

中国学者把自杀分为情绪性自杀和理智性自杀两类。

情绪性自杀常常由爆发性的情绪所引起，包括由委屈、悔恨、内疚、羞惭、激愤、烦躁或赌气等情绪状态所引起的自杀。此类自杀进程比较迅速，发展期短，甚至呈现即时的冲动性或突发性。

理智性自杀不是由于偶然的外界刺激唤起的激情状态导致的，而是由于自身经过长期的评价和体验，进行了充分的判断和推理以后，逐渐地萌发自杀的意向，并且有目的、有计划地选择自杀措施。因此，自杀的进程比较缓慢，发展期较长。

二、危机管理

（一）危机预防

1. 高校方面

（1）开设心理健康教育课程，对大学生开展生命教育和死亡教育。

（2）设立心理咨询机构，要加强大学生心理健康教育与心理辅导。

（3）开展心理普测，建立自杀倾向高危大学生的心理档案。

（4）丰富校园文化生活，营造良好文化氛围，让学生从多个层面发展自己，挖掘自己的优点和潜能，增强自信心，从而预防心理问题的产生。

（5）建立家校联系制度，优化家庭教育手段。重点关注单亲家庭，对单亲家庭的教育方式给予一定的帮助和指导。

2. 大学生方面

对于出现自杀倾向的大学生，要根据具体情况，动员周围的亲人、朋友，给其关爱与安慰，建立起良好的社会支持网络，从而使其消除无助感，并给予直接的帮助。

（1）大学生要学会自我关注。

（2）大学生要树立积极的人生观、世界观和价值观。

（3）大学生要学会积极面对各种挫折，有积极心态。

（二）危机处置

（1）事件发生后，根据危机事件的严重程度，封锁现场，立即联系警方，等待警方的处理。

（2）联系家长，将事件发生情况委婉告知，注意对方情绪，避免危机事件再次发生。

（3）如遇自杀学生已经死亡，警方和殡仪馆的车将进校门或事发地，尽量驱散围观学生或者群众，保持现场井然有序。

（4）避免围观者拍照上传网络，信息技术中心和宣传部注意网络流言，如有必要，需要在网上澄清事实。

（5）实施自杀未遂，应立即送往医院救治，并联系家长，在家长赶到前，24小时看护，避免二次意外事故的发生。

（三）危机修复

（1）通知同寝室同学办理转寝手续，同时对该宿舍进行消毒处理，暂时停用该宿舍，对寝室同学和同楼层同学进行心理疏导。

（2）关注单独住一个寝室的同学，对他们进行整合，避免单人住，以免没有相互照应，发生意外。尤其是毕业班寝室，因为他们外出实习，留下人员单住的情况较多。

（3）加强对学生的职业生涯规划的指导和毕业生的就业指导，让他们看到人生的希望，不能自暴自弃。

第三节 食物中毒危机事件的处置

近年来,学生群体食物中毒事件的不断发生造成了诸多不良的社会影响,食堂饮食安全成为人们关注的焦点。食物中毒危机事件呈现集体性和突发性的特点,进而涉及社会性。因此,如何做好食物中毒的预防和处理,是一个学生工作者必须要思考的问题。

一、食物中毒相关知识

(一)食物中毒

食物中毒泛指因为进食了受污染食物、致病细菌、病毒,又或被寄生虫、化学品或天然毒素感染了的食物。根据如上各种致病源,食物中毒可以分为以下四类,即化学性食物中毒、细菌性食物中毒、霉菌毒素与霉变食品中毒、有毒动植物中毒。食物中毒发病为非传染性的急性、亚急性疾病,可区别于其他食源性疾患。1994年中国卫生部颁发的《食物中毒诊断标准及技术处理总则》从技术上和法律上明确了食物中毒的定义。

(二)病因介绍

食物中毒一般认为是健康人摄食了正常数量的可食状态的"有毒食物"所引起的,以急性过程为主的疾病。它与机体个体本身有很大的关系。因此,常常会出现吃同样的食品,有人出现食物中毒,而有人却没有出现症状的现象。所以,食物中毒是一个复杂的问题,它的结论往往会产生前后矛盾,或者可以出现多种解释。

食物成为"有毒食物"而引起食物中毒,有以下几个方面的原因。

(1)贮存不当产生了毒素,或加工烹调方法不当,未除去食物本身所含有的有毒成分。

(2)有毒物质混入食品或物质外形与食品相似,但本身含毒,被人误食。

（3）食物被某些致病性微生物污染并急剧繁殖，以致食物中含有大量的活菌或存在大量的毒素。

（三）突发性食物中毒

一般的食物中毒，多数是由细菌感染，少数由含有毒物质（有机磷、砷剂、升汞）的食物，以及食物本身的自然毒素（如毒草、毒鱼）等引起。发病一般在就餐后数小时，频繁进行呕吐、腹泻。例如，在家中发病，可视呕吐、腹泻、腹痛的程度适当处理。

主要急救方法有：

（1）补充液体，尤其是开水或其他透明的液体。

（2）补充因上吐下泻所流失的电解质，如钾、钠及葡萄糖。

（3）避免制酸剂。

（4）先别止泻，让体内毒素排出之后再向医生咨询。

（5）无须催吐。

（6）饮食要清淡，先食用容易消化的食物，避免容易刺激胃的食品。

二、危机管理

（一）危机预防

1. 高校方面

（1）加强对高校食堂的监管，高校食堂要严格按照食品质量标准进行，要做出有营养价值、易吸收、有较好的色香味和外观形状、无毒无害无防腐剂的食品。

（2）食堂的饭菜要做熟，同时要注意不要发生食物相克的情况，以免引发中毒。

（3）辅导员加强对学生的教育管理，提高学生的食品安全意识，切勿食用变质食物，不在卫生差的小店进食。

（4）引导学生规律作息、按时饮食，尽量避免因错过就餐时间，而去路边摊进食。

2. 大学生方面

日常生活中要注意饮食卫生，否则就会传染疾病，危害健康，病从口入这句话讲的就是这个道理，要注意以下几点。

(1) 养成良好的饮食习惯。吃东西时不要狼吞虎咽；吃东西时不要同时做别的事情，更不要相互追逐、打闹；一日三餐定时定量，不暴饮暴食。

(2) 养成吃东西以前洗手的习惯。人的双手每天接触各种各样的东西，会沾染病菌、病毒和寄生虫卵。吃东西以前认真用肥皂洗净双手，才能减少病从口入的可能。

(3) 生吃瓜果要洗净。瓜果蔬菜在生长过程中不仅会沾染病菌、病毒、寄生虫卵，还有残留的农药、杀虫剂等，如果不清洗干净，不仅可能染上疾病，还可能造成农药中毒。

(4) 不随便吃野菜、野果。野菜、野果的种类很多，其中有的含有对人体有害的毒素，缺乏经验的人很难辨别清楚，只有不随便吃野菜、野果，才能避免中毒，确保安全。

(5) 不吃腐烂变质的食物。食物腐烂变质，就会味道变酸、变苦；散发出异味儿，这是因为细菌大量繁殖引起的，吃了这些食物会造成食物中毒。

(6) 不随意购买、食用街头小摊贩出售的劣质食品、饮料。这些劣质食品、饮料往往卫生质量不合格，食用、饮用会危害健康。

(7) 在商店购买食品、饮料，要特别注意是否标明生产日期和保质期，不购买过期食品、饮料。不食用过期食品。

(8) 不喝生水。水是否干净，仅凭肉眼很难分清，清澈透明的水也可能含有病菌、病毒，喝开水最安全。

(二) 危机处置

(1) 接到学生发生疑似食物中毒的报告后，先了解涉及人数、基本症状、可能引发的原因，根据中毒情况的严重程度进行判断是否送医院或者拨打120急救。

(2) 辅导员和班干部随同救护车照顾中毒学生及办理相关入院手续。

(3) 联系家长，询问该生是否有病史，方便进行抢救。

(4) 走访其他学生，排查是否还有学生疑似中毒，不要放弃任何一个学生，以免错过抢救。

(5) 对食堂相关窗口进行封锁检查，保留造成食物中毒或者可能导致食物中毒的食品、原料、工具、设备等，查明原因，以便医生救治。

(三) 危机修复

(1) 立即开展调查并将结果通报给学生，安抚学生情绪，以免引发学生恐慌。

(2) 辅导员及班干部轮流照顾住院学生，使其早日康复。

(3) 如果发现是某个窗口的问题，根据事件的严重程度，追责处理相关人员。

(4) 加强饮食卫生宣传力度，告诫学生不要在食品卫生没有保障的小摊点进食。

(5) 做好家属的沟通协调工作。

(6) 维护校园秩序，恢复学生正常的学习生活。

第四节　校园火灾危机事件的处置

近年来，校园火灾事件频发，为了进一步做好消防安全工作，增强消防安全意识，广大师生员工需高度重视消防安全工作，牢固树立消防安全责任重于泰山的安全意识，以预防校园火灾事故。

一、火灾相关知识

(一) 火灾

火是人类赖以生存和发展的一种自然力，可以说，没有火的使用，就没有人类的进化和发展，也没有今天的物质文明和精神文明。当然，火和其他物质一样，也具有二重性，它给人类带来了文明和幸福，促进了人类物质文明的不断发展，但也可能带来灾难。

火灾是指在时间或空间上失去控制的燃烧。在各种灾害中，火灾是最经常、最普遍地威胁公众安全和社会发展的主要灾害之一。人类能够对火进行利用和控制，是文明进步的一个重要标志。所以说人类使用火的历史与同火灾做斗争的历史是相伴相生的，人们在用火的同时，不断总结火灾发生的规律，尽可能地减少火灾及其对人类造成的危害。在遇到火灾时人们需要安全、尽快地逃生。但是，火也给人类带来了巨大的灾难，火一旦失去控制，超出有效范围内的燃烧，就会烧掉人类经过辛勤劳动创造的物质财富，甚至夺去了人们的生命和健康，造成难以挽回和弥补的损失。

据统计，火灾是威胁人类安全的重要灾害，党和国家为了保护人民生命财产的安全，保卫社会主义现代化顺利进行，每年投入数十亿元用于防火工作。尽管如此，我国每年因火灾造成人员伤亡的数量仍然很大，经济损失相当严重。

大学校园里，火灾也是威胁我们安全的重要因素。据有关部门统计资料表明，大学里火灾比盗窃造成的经济损失高出十几倍。中华人民共和国成立以来，在我国1000余所全日制高校中，从未发生过火灾的寥寥无几。有的学校整座教学楼、实验室被烧，损失了许多珍贵的标本与图书，严重影响了教学、科研活动的正常进行，甚至烧死同学的事例也曾有发生。

（二）灭火的基本方法

1. 隔离法

将着火的地点或物体与其周围的可燃物体隔离或移开，燃烧就会因为缺少可燃物而停止。例如将靠近火源的可燃、易燃、助燃的物品搬走；把着火的物体移到安全的地方；关闭电源、可燃气体、液体管道阀门，中止和减少可燃物质进入燃烧区域；拆除与燃烧着火物毗邻的易燃建筑物。

2. 窒息法

防止空气流入燃烧区域，用不燃烧的物质冲淡空气，使燃烧物得不到足够的氧气而熄灭。例如用石棉毯、湿麻袋、湿棉被、湿毛巾被、黄沙、泡沫等不燃或难燃物质覆盖在燃烧物上，用水蒸气或二氧化碳等惰性气体灌注容器设备，封闭起火的建筑和设备门窗、孔洞等。

3. 冷却法

将灭火剂直接喷射到燃烧物上，以降低燃烧物的温度。当燃烧物的温度降低到该物的燃点以下时，燃烧就停止。或者将灭火剂喷洒在火源附近的可燃物上，使其温度降低，防止辐射热影响而起火。冷却法是灭火的主要方法，主要用水和二氧化碳来冷却降温。

4. 抑制法

这种方法是用含氟、溴的化学灭火剂（如 1211）喷向火焰，让灭火剂参与到燃烧反应中去，使游离基链锁（俗称"燃烧链"）反应中断，达到灭火的目的。

（三）灭火器具的选用

按燃烧的性质划分，火灾有五种类型，每种类型及灭火器具的选用如下。

A 类，指含碳固体火灾。可选用清水灭火器、酸碱灭火器、泡沫灭火器、磷酸铵干粉灭火器、卤代烷 1211 灭火器、1301 灭火器。

B 类，指可燃液体火灾。可选用干粉灭火器、卤代烷 1211 灭火器、1301 灭火器、二氧化碳灭火器。泡沫灭火器只适用于油类火灾，而不适用于极性溶剂火灾。

C 类，指可燃气体火灾。可选用干粉灭火器、卤代烷 1211 灭火器、1301 灭火器、二氧化碳灭火器。

D 类，指金属火灾。目前尚无有效灭火器。

E 类，指带电燃烧的火灾。可选用卤代烷 1211、1301 灭火器、干粉灭火器和二氧化碳灭火器。

（四）怎样参加灭火

火光就是命令，火场就是战场，在历次灭火战斗中，出现了许多为保护国家财产和人民生命安全奋不顾身的先进事迹和英雄人物。大学生是有高度文化和高度觉悟的青年，在同火灾斗争中，涌现出大量动人事迹。然而火场往往是人员众多、情况十分复杂的场所,要迅速地扑灭火灾,必须统一指挥,协调一致,才能做到有计划、有步骤、有成效地进行灭火战斗,主要做法如下。

(1) 要提高警惕,遵守火场秩序,防止坏人乘火场混乱之机,窃取财物,进行破坏活动。

(2) 在灭火战斗中,要注意安全,避免不必要的伤亡。火场一般都比较复杂,越是复杂的越是要有条不紊。既要发扬一不怕苦、二不怕死的精神,敢于战斗;又要避免不必要的牺牲,讲究科学方法,善于战斗。要攻得上、撤得出,切忌盲目行动。火场人员多,流动频繁,人们思想处于紧张状态;器械多,经常挪动;杂物多,通道不畅;人、物相互撞击情况经常发生,有的火场带电,甚至有危险品。火场面临许多安全问题,他人难以关照,因此主要靠自己勇敢机智,谨慎行事,保障自身安全。

(五)打火警电话注意事项

为了让消防机关能准确、及时到达案发现场,控制火势,扑救火灾,请拨打火警电话,并注意。

(1) 沉着、冷静,听到对方报"消防队"时即可讲清火灾的地点和单位,并尽可能讲清楚着火的对象、类型和范围。

(2) 要注意对方的提问,并把自己所用的电话号码告诉对方,以便联系。

(3) 当对方讲"消防车来了"即可挂断电话,并立即派人在校门口和必经的交叉路口等候,引导消防车迅速到达火场。

(4) 告知消防人员火灾是由什么物质引燃,这对消防人员来说很重要。

二、危机管理

(一)危机预防

1. 高校方面

1)加强安全隐患排查

(1) 宿舍楼。使用很不安全的用电设备,有的同学因为嫌打热水麻烦,就在宿舍使用烧水的"热得快",旁边无人看管或忘记拔插头,使得发生爆炸,或者因为温度过高引燃周围的物品,如书本、床上用品、木质桌柜等,诱发火灾;因为使用的电器过多导致提供的插座不够用,因此私自拉接插座,而引起电路短路,从而成为火灾的导火索;购买劣质的充电器或台灯,使用时间过长而引燃周围的书本或床单;男生宿舍抽完烟后,未将烟头掐灭,而随手扔进垃圾桶点燃废纸引起火灾等。

(2)教学楼区。有时因为电线的老化,而出现漏电产生火花,点燃教室里木制的桌椅等,毁坏教室的教学设施,更严重的会引发爆炸事故,造成更多损失和伤亡。

(3)图书馆。图书馆里的书籍和重要的文献比较多,如果发生火灾对于高校来说损失也是不可估量的,如学生进馆时抽烟的烟头和电线的漏电都可能引起火灾的发生。

(4)实验室。尤其是化学实验室,如果操作不当会发生爆炸,引发火灾。

2)指导学生正确使用灭火器

对学生正确使用灭火器具和参与灭火进行有效培训和实践演练,熟能生巧,才能在关键时候发挥作用。

3)加强管理,防止违章行为发生

4)定期检查消防设施

加强消防设施、设备和灭火器材的定期检查,让它们随时处于良好状态,而不是摆设,消防疏散通道随时保持畅通。

5)加强教育管理

不断提升师生员工的消防安全意识,尤其是学生,彻底打消他们的侥幸心理,建立学校、公安消防部门、社会各相关部门密切协作的学校消防安全教育机制,部门联动,齐抓共管。

2. 大学生自身预防

1)大学生寝室如何防火

(1)不乱扔烟头,不躺在床上吸烟,不焚烧杂物。

（2）不私拉乱接电线、网线等。

（3）不使用烧水棒、电热毯、电饭煲、电磁炉等大功率用电器。

（4）切勿在走廊、楼梯口等处堆放杂物，要保证通道和安全出口的畅通。

2）校园火灾的逃生自救方法

（1）火灾来袭时要迅速逃生，不要贪恋财物。

（2）平时要了解掌握火灾逃生的基本方法，熟悉几条逃生路线。

（3）受到火势威胁时，要当机立断披上浸湿的衣物、被褥等向安全出口方向冲出去。

（4）穿过浓烟逃生时，要尽量使身体贴近地面，并用湿毛巾捂住口鼻。

（5）身上着火，千万不要奔跑，可就地打滚或用厚重衣物压灭火苗。

（6）遇火灾不可乘坐电梯，要向安全出口方向逃生。

（7）室外着火、门已发烫时，千万不要开门，以防大火蹿入室内。要用浸湿的被褥、衣物等堵塞门窗，并泼水降温。

（8）若所有逃生线路被大火封锁，要立即退回室内，用打手电筒、挥舞衣物、呼叫等方式向窗外发送求救信号，等待救援。

（9）千万不要盲目跳楼，可利用疏散楼梯、阳台、排水管等逃生，或把床单、被套撕成条状连成绳索，紧拴在窗框、铁栏杆等固定物上，顺绳滑下，或下到未着火的楼层脱离险境。

（二）危机处置

（1）充分调查火灾发生原因，追溯源头，如果由于学生个人原因造成火灾的，需要根据学生违纪处分条例对其进行处置；如果因校园自身设计问题导致火灾造成人员伤亡的，责成相关部门进行问责处理。

（2）辅导员做好受处分学生的思想工作。

（3）班级干部确保受处分学生尽快走出火灾和处置的影响，重新投入学习和生活。

（4）加强对发生火灾的宿舍同学的心理疏导，让他们能安心睡觉、安心生活和学习。

(三) 危机修复

校园火灾危机事件发生后,为了预防火灾的再次发生,需要做好如下善后。

(1) 解除应急状态。危机事件处理完毕后,学校应宣布解除应急状态,开展善后工作。

(2) 实施火灾救济救助。调查统计火灾危机事件造成的损失,哪些是可以由学校处理和安抚的,如果是宿舍火灾,发生火灾的宿舍需要暂时调整到其他宿舍,最大限度的做好学生安抚工作。

(3) 火灾后的维修。火灾发生后,势必有建筑物或者其他东西的毁坏,要在最短的时间内恢复原貌,恢复校园的和谐安宁。

第五节 地震危机事件的处置

近年来,我国地震多发,带来了巨大的人员和财产损失。地震灾害预防和遭遇地震时的应急机制构建,成为当前高校学生工作者做好安全工作需要思考的重要问题。

一、地震相关知识

(一) 地震

地震又称地动、地振动,是地壳快速释放能量过程中造成的振动,期间会产生地震波的一种自然现象。地球上板块与板块之间相互挤压碰撞,造成板块边沿及板块内部产生错动和破裂,是引起地震的主要原因。

地震开始发生的地点称为震源,震源正上方的地面称为震中。破坏性地震的地面振动最烈处称为极震区,极震区往往也就是震中所在的地区。地震常常造成严重人员伤亡,能引起火灾、水灾、有毒气体泄漏、细菌及放射性物质扩散,还可能造成海啸、滑坡、崩塌、地裂缝等次生灾害。

当前的科技水平尚无法预测地震的到来，未来相当长的一段时间内，地震也是无法预测的。对于地震，我们更应该做的是提高建筑抗震等级、做好防御，而不是预测地震。

（二）地震震级

震级是地震大小的一种度量，根据地震释放能量的多少来划分，用"级"来表示。震级的标度最初是美国地震学家里克特于 1935 年研究加利福尼亚地方性地震时提出的，规定以距震中 100 千米处标准地震仪（或称安德生地震仪，周期 0.8 秒，放大倍数 2800，阻尼系数 0.8）所记录的水平向最大振幅（单振幅，以微米计）的常用对数为该地震的震级。后来发展为通过远台及非标准地震仪记录经过换算也可用来确定震级。震级分面波震级（MS）、体波震级（Mb）、近震震级（MI）等不同类别，彼此之间也可以换算。用里克特的测算办法计算，查到 2000 年已知的最大地震没有超过 8.9 级的；最小的地震则可用高倍率的微震仪测到 3 级。按震级的大小又可划分为超微震、微震、弱震（或称小震）、强震（或称中震）和大地震等。

（三）灾害破坏

大地震动是地震最直观、最普遍的表现。在海底或滨海地区发生的强烈地震，能引起巨大的波浪，称为海啸。在大陆地区发生的强烈地震，会引发滑坡、崩塌、地裂缝等次生灾害。

破坏性地震一般是浅源地震。对于同样大小的地震，由于震源深度不一样，对地面造成的破坏程度也不一样。震源越浅，破坏越大，但波及范围也越小，反之亦然。破坏性地震如 1976 年的唐山地震的震源深度为 12 千米。地震释放的能量决定地震的震级，释放的能量越大，震级越大，地震相差 1 级，能量相差约 30 倍，震级相差 0.1 级，释放的能量平均相差 1.4 倍。1995 年日本大阪神户 7.2 级地震所释放的能量相当于 1000 颗第二次世界大战时美国向日本广岛、长崎投放的原子弹的能量。

（四）地震逃生

震时就近躲避，震后迅速撤离到安全地方，是应急避震较好的办法。避震应选择室内结实、能掩护身体的物体旁,易于形成三角空间的地方;开间小、有支撑的地方;室外开阔、安全的地方。

身体应蹲下或坐下,尽量蜷曲身体,降低身体重心的姿势。同时,抓住桌腿等牢固的物体。

保护头颈、眼睛、掩住口鼻。不要随便点灯火,因为空气中可能有因燃气管线破裂泄漏的易燃易爆气体。

二、危机管理

(一) 危机预防

1. 高校方面

(1) 高校要加强大学生的地震逃生演练。

(2) 定期对建筑、高大树木进行防震普查,发现危险隐患等,及时处理。

(3) 普及地震知识,使师生员工能够在地震发生时临危不惧,正确避震,并有序撤离危险地带,确保自己安全。

2. 大学生方面

(1) 充分掌握地震来临时的逃生方法,比如,地震发生在公共场所怎样逃生、地震发生在户外怎样逃生、地震发生在学校怎样逃生和地震发生在野外怎样逃生。

(2) 明确地震发生在校园逃生注意事项。在学校里面,最安全的地带是大操场。地震可以引起强烈的地面振动,导致房屋、工程结构受到破坏。房屋坍塌不仅造成巨大的经济损失,而且直接恶果是砸压屋内人员,造成人员伤亡。操场的场地空旷,距离教学楼、电线杆等比较远,是理想的避灾场所口,在操场上发生地震的时候,应该立即蹲下,注意保护头部,防止被教学楼掉下的飞石砸伤,以及由于余震导致地面振动,站立不稳,致使摔伤等。当学校里发生地震的时候,不能慌乱外逃,更不能跳楼。应该迅速躲在各自的课桌下面,双手牢牢握住桌腿背部朝上,如果课桌不够多,可选择躲在墙角处，因为墙角是最不容易倒塌的，而且在倒塌时会形成一个小的三角空间，一般生存的概率要大得多。等地震平稳后，在老师带领下有组织地疏散，切忌无组织地乱跑、乱挤；如果教室是楼房，应迅速远离外墙及其门窗，千万不要外逃或从楼上跳下。如果所处教室的楼层比较高，在发生地震时，一定不能使用电梯逃生。

在逃离的过程中应该注意：一切行动听从老师的指挥，同学之间要互相照顾，要关心、照顾残疾同学。

（二）危机处置

（1）校园发生地震，对于学生宿舍、教室、实训室等学生密集地，学校要立即组织救援，辅导员组织学生有序转移到操场或者草坪等宽阔安全地带。

（2）学校成立救灾指挥部，统一指挥，组织自救或者协同专业救援队伍救援。

（3）分区域安置各班、各年级、各学院的人员，以便清点人员，对未到场的实施精准援救。

（4）对受伤人员进行积极救治，同时通知家长，配合开展工作。

（5）对化学实验室等要进行封锁，防止发生二次灾害。

（6）准备好充足的食物和水等应急资源，帮助学生渡过难关。

（7）学校信息技术中心保证网络的畅通，不能在关键时刻中断联系，影响救援。

（三）危机修复

（1）及时开展校内人员的伤亡统计，及时上报相关部门。

（2）对失联学生进行多方寻找和搜救，不放弃。

（3）对在地震中受伤学生的家属进行安抚，协助家属及时处置伤亡学生。

（4）如遇地震将学生宿舍、食堂、教室等毁坏，学校以最快的速度进行修葺，尽快维护好校园秩序，恢复正常的教学生活。

（5）对经历地震的同学进行心理疏导，消除心理创伤。

（6）关注余震发生情况，及时事前通报，鼓励师生科学应对地震，战胜自然灾害。

第十章　大学生危机事件处置的协调

大学生危机事件处置是一个复杂的系统工程，需要学校领导、各部门、教职工、学生及家长以及公安部门、医疗卫生部门和媒体部门的联动配合才能圆满解决，如果在某一环节没有协调处置好，就会给危机事件的处置带来不必要的困扰。因此，在危机事件处置中校内外有关部门必须加强协调沟通，做到事半功倍。

第一节　与家长的联系

在危机事件发生后，学校应第一时间与学生家长取得联系，及时进行事件的沟通。与学生家长的沟通有三个作用：一是获得家长信任，为学校处理突发事件奠定基础；二是赢得家长支持，有效抵制流言；三是取得家长理解，为学校应对突发事件提供较为宽裕的时间。

在与学生家长沟通的过程中，一定要注意沟通的方式方法，防止产生新的矛盾，使危机进一步恶化。因此，切记要注意以下事项：

一、真诚相待，取得家长的信任和配合

在现实生活中，危机事件发生之后需要第一时间通知家长。在与家长沟通的过程中，学生工作人员要理解和尊重家长的感受，因为理论上学生工作人员对学生及家长存在一种公务责任关系，而家长对孩子是亲子关系。家长

对孩子的关心和期望是骨肉之情、亲子之爱，常常是情感重于理智，而学生工作人员对学生却常常是理智重于情感。如果学生工作人员对学生及其家长采取的是公事公办的态度，就可能与家长对孩子富有人情味的态度产生矛盾。所以学生工作人员要以真诚平等的态度对待学生家长，双方之间的信任是有效解决危机的基础。要明确相告，不文过饰非，也不推测臆断。尽量避免或减少与家长的矛盾冲突，进行有效和谐的合作，形成危机事件处置合力。

二、有效沟通，收集有利于解决危机事件的信息

很多危机事件的爆发，往往是长时间矛盾积累的结果。很多学生出现各种问题与其入学前的种种经历有着某种潜在的联系。学生工作人员对学生进入学校后的各项情况都可以通过各种途径了解和熟悉，但是对学生入学前情况掌握的相对较少。因此要与家长有效地进行沟通，了解学生入学前的学习、生活和思想等方面的情况，也包括学生最近的情况，如学生最近的情绪波动、最近的感情问题以及最近的人际交往方面的问题等方面，这些信息学生也许会向家长透露。同时及时准确地把学生的在校情况和表现向家长作以汇报，如：学生学习期间的英语水平、科技创新能力、取得证书的情况、学习排名、社会实践、奖惩记录，生活中的人际交往和沟通能力，就业阶段的情绪心态、就业动向等[1]，使学校和家长站在同一个立场上来共同掌握学生近期信息，通过二者之间的沟通可以使双方掌握到全面的信息，更加完整和客观地了解学生近期的心理活动，对这类信息进行搜集处理，能够得出对危机事件的有利判断，进而对危机事件发生后的处置产生积极作用。

三、全力善后，争取得到家长的理解和支持

家长到学校与学生接触后，心情肯定十分复杂激动，难免失控，因此校

---

[1] 吴迪，金玲，谢腾飞. 新时期高校辅导员与家长沟通的障碍、原因及对策研究 [J]. 中国科技信息，2007（1）.

方要尽全力去抚慰，关心其在校期间的衣食住行，全方位做好接待工作，并告知其危机事件发生的原委、学校为此采取的措施和努力等，争取得到家长的理解和配合，为事件的解决奠定良好的基础，从而遏制事件恶化和负面影响再次扩大。同时不要过度承诺，由于突发事件处理的复杂性，作为学校也要坦率地告诉家长，事情并没有像预期的那么顺利，但会尽一切努力，给双方都留有余地。

总而言之，与家长的联系工作是人与人的沟通，做人的工作必须有足够的责任心，同时，人是需要感情的，缺乏热情的态度形成的只能是冷冰冰的公事公办式的管理模式，难以收到良好效果。危机事件处置需要高校和学生家长双方共同的努力，因此，双方在对危机事件处置中投入责任心和热情的同时，应该坦诚相见，彼此尊重，加强沟通，加深了解，达成共识，相互配合，才能取得比较理想的处置效果。否则，产生矛盾，甚至激化矛盾，无论对学生，还是对家长或学生工作人员，都只能产生消极后果。

第二节 与学生的谈话

危机事件发生后，及时与学生进行直接对话，是解决危机、防止事件进一步恶化的重要途径，但是，危机中学生的情绪稳定性差，加上当代大学生自尊心强、承受挫折能力弱等因素，与学生谈话必须要讲究工作技巧，这是学生工作队伍必须具备的业务素养。掌握了这个技巧，谈话的效果会事半功倍，否则可能事倍功半。

一、与学生谈话应遵循的原则

（一）时效性

任何危机事件的处理都有一个黄金时间，黄金时间期内，学工队伍必须采取一切措施对事件进行果断处理。因此应该第一时间与学生取得联系，进行沟通交流，采取防范措施，确保事件不会进一步恶化，进而保障学生的生命安全。

(二) 平等和尊重

理论上学生工作人员与学生是师生关系,有着教育和被教育之分,这种客观存在的差别,必然影响学生在学生工作人员面前表露自己真实想法的勇气,进而影响到对危机事件的判断和解决,因此,在谈话中把握平等的原则就显得十分重要。著名心理学家罗杰斯曾提出无条件尊重①。在谈话中,对学生要一视同仁,尊重他们的人格与尊严。学生工作人员与学生的社会角色是有差别的,但在人格上是平等的,况且大学生正处于青春期,自尊心都比较强。因此谈话过程中学生工作人员切记避免进行一味地教育和批评说教,这无益于事件的解决,而应该与学生进行平等的对话和交流,了解学生真实的想法,以形成对危机更好的判断,进而有利于事件的解决。

(三) 耐心和真诚

耐心和真诚是学生工作人员在与学生谈话过程中所应有的态度,耐心有助于更多地了解学生的想法,真诚有助于学生敞开心扉,只有坚持耐心和真诚的原则,才能为谈话创造一个宽松和谐的氛围。危机事件发生后,在与学生的谈话中学生难免会有抗拒和排斥的心理,对事情发生的原因和过程会有所保留,因此在谈话中,学生工作人员要耐心细致地做工作,让学生明白工作的目的是为了学生的利益和事件的解决。所谓精诚所至,金石为开,要真心诚意地对待学生、关心爱护学生,做到以理服人,以情感人,站在学生的立场,想学生所想,这样才能让学生敞开心扉,进而了解学生的想法,进行有针对性的教育。

(四) 以学生为本

"一切为了学生、为了一切学生、为了学生的一切"是学生工作者应该秉承的重要理念。在与学生谈话中,要让学生感受到学生工作者的热情和关怀之情,与之进行对话不仅仅是为了危机的解决,更是为了学生的心理健康

---

① 徐晓春. 思想政治工作中人文关怀实现的途径 [J]. 学习月刊, 2008 (22).

和自我成长,切勿使学生以为谈话只是学生工作人员进行的本职工作和例行程序,学生工作人员要真正把责任之心、关爱之心、平等之心投入到谈话中,谈到学生的心坎里去,这是能否让谈话继续下去,取得良好效果,并得到学生理解的关键。

(五)尊重学生个体差异

世界上没有两片完全相同的叶子,同样,一个学生就是一个独立的个体,学生不仅是有差异的人,而且差异是多方面的。所以通过谈话教育学生不是千篇一律的过程,学生工作人员一定要有耐心,真实地了解学生的性格、意愿、发展和成长基础,然后对症下药,针对不同性格的人采取不同的措施方法。

(六)适当保密

为了有利于危机事件的解决,在与学生的谈话中难免涉及学生的隐私。对此,学生工作人员应当为学生保守秘密,有利于事件解决的问题该问就要问,与事件无关的问题要适可而止,什么问题应该直接问,什么问题应该间接迂回地问,学生工作人员都应该把握好尺度,并替学生适当保密,这会让学生有安全感,打消学生的顾虑,赢得学生的信任与尊重,进而让学生敞开心扉,说出自己内心真实的想法。

二、与学生谈话的工作技巧

(一)谈话准备要充足

学生工作人员在准备与学生谈话之前,要对事件的前因后果有基本的判断,要充分了解学生的基本情况,要对谈话中可能出现的问题有基本的估计,这样才能使谈话更有针对性,目的更明确,谈话前的充分准备是谈话取得良好效果的前提。

(二)谈话过程要会听

心理咨询中强调听比说更重要。在谈话中,只有学会听,了解学生内心真实的想法,才能收集到与事情相关的大量信息。因此在谈话中,学生工作人员要学会听,善于听,必须把注意力放在说话者的身上,耐心聆听,才能明白对方说了些什么以及对方的话所代表的态度和含义，从中获取有利于事情解决的信息。同时在听的过程中，学生工作人员要进行适当回应，运用一些肢体语言，如自然的微笑、得体的坐姿、亲切的眼神、点头或手势等，这都能起到促进交流，消除心理隔阂，鼓励交谈者自然表达等作用。

（三）谈话目的要明确

与学生进行谈话，学生工作人员应首先明确谈话的目的，即了解学生现在的心理状况、事情的来龙去脉，教育引导学生，切记避免把学生找来，随便盘问一些与事情毫不相干的话题，必须让谈话对象明白谈话目的，并有意识地引导谈话对象朝主题交谈。切勿让谈话变成聊天，否则会让学生觉得老师很啰嗦，并让学生更加反感和抗拒，进而导致危机进一步恶化。

（四）谈话方式要恰当

谈话方式要根据危机的性质而定，学生工作人员应该根据危机的发展演变，决定进行集体谈话或单独谈话。对涉及被谈话人隐私方面的问题，或被谈话人不愿公开的问题时，则应采取个别谈话的方式；对于带有倾向性的问题，如同学之间的矛盾化解、班级班风、学风建设等方面的事情，宜采用集体谈话的方法。

（五）谈话言语要适当

言为心声，语为人境。学生工作人员的语言表达直接反映其精神面貌、道德修养、知识水平，在谈话过程中，学生工作人员应该心平气和，措辞准确，谈吐得体，语气亲切，这样谈话的效果会比较好，在谈话中避免出现态度急躁、词不达意、满嘴指责等，这只会引起学生的戒备和抵触，达不到沟通的目的。

第三节　与公安部门的联系

危机事件的处置应坚持"分级管理、分级处理"以及"边处理、边上报"的原则，若事件的情节较轻或后果不严重，可以在学校范围内及时采取措施加以解决。若遇特别严重的问题时，应及时上报当地或上级公安部门，第一时间搜集证据，并借助公安部门的力量对事件进行调查跟踪，因此危机发生后与公安部门的联系是十分必要的。

第一，确保学生的安全是处置危机事件的第一要务。以人为本是当今社会发展必须遵循的理念，危机事件发生后，校方应该采取一切措施，动用一切可以发动的力量，确保学生的安全。情节比较严重的必须第一时间跟公安部门进行联系，以便借助公安部门的资源和力量，及时有效地化解危机。

第二，情节比较严重的要第一时间跟公安部门取得联系，以便公安机关及时进行取证。事件发生后，一定要组织力量对案发现场进行封锁保护，以便公安人员到来之后搜集线索证据和采集其他信息。

第三，公安机关对学生危机事件做出的具有法律效力的认定，能得到当事人及家属、师生员工、上级主管部门和社会各界的认可。

第四节　与医院的联系

危机事件发生后，如果学生受到意外伤害等情况，要立即与校内医院取得联系，采取必要措施保证受害人的生命安全。若校医院无法治疗时，应及时通过120将学生送往三级甲等医院。若误诊和转院不及时，会延误治疗的最佳时机，这是绝不允许发生的，若未通报家长而造成误诊和转院不及时就会使学生工作人员成为事件责任人，出现责任事故。

在与医院进行联系时，一定要注意以下问题：第一时间拨打120；讲清事发地点，若不清楚确切的地址，要讲清大致方位、典型地标；说清受害人的发病表现，如胸痛、呕吐、呕血、意识不清、呼吸困难等；尽可能说明患病或受伤的时间，若是意外伤害，要说明伤害的性质，如触电、热水烫伤、交通事故、中毒等，并报告受害人的受伤部位和情况；尽可能说明有何特殊需要，了解救护车到达的大致时间；留下姓名和联系方式；在约好的地方等候指引。

第五节 对新媒体的关注和引导

所谓新媒体，是指以微信、微博、博客、贴吧等为代表的新型媒体平台。新媒体普遍具有传播速度快、传播效能高、传播范围宽、学生覆盖面广等特点，在推动信息互动和资源融通方面发挥着巨大作用，同时也对我们的舆论引导和舆论管理，特别是对危机事件的引导和控制带来了严峻考验和巨大挑战。面对这种形势上的变化和工作上的困难，学校必须提高认识，加强对新媒体的关注和引导，利用这些新型媒体平台为危机事件的处理注入正能量。

一、搭建学校官方新媒体平台

对不断发展的新型媒体，学校不应该视而不见，听而不闻，更不应该将之视为洪水猛兽，拒之门外，而应该跟上时代的步伐，组织专门力量，构建学校特色的新媒体工作格局，搭建学校官方新媒体平台，建设学校官方的微信、微博、贴吧、博客等平台，并进行统一管理。积极鼓励各平台通过互粉、互评、互转等形式，增强平台的吸引力，实现对学生的广泛覆盖。在危机事件发生后通过这些新媒体平台进行信息发布，统一口径，及时在平台上发布事件的原委和处理进度，澄清不实谣言，压缩流言产生的空间，从而统一学生的认识，为危机事件的处理奠定良好的舆论基础。

二、加强网络舆论监控的力度

学校应该设立专门的网络舆情监控中心，配备专业人员，加强对微信、微博、贴吧等新兴媒体的网络舆情监控。尤其在发生危机事件后，要24小时关注网络舆情动态的发展变化。面对危机发生后可能产生的网络谣言，应在辟谣的同时，查清谣言源头和传播链条，加强微信、贴吧、微博等舆情监控。面对学生的疑问，高校应及时通过新媒体平台进行积极回应，迅速调查，妥善解决，打消疑虑。

参考文献

[1] 吴秋平, 张兵. 大学生危机事件管理研究 [M]. 北京: 中国旅游出版社, 2019.

[2] 李景升. 大学生危机管理研究 [M]. 北京: 中国文史出版社, 2014.

[3] 漆小萍. 大学生危机事件管理 [M]. 广州: 中山大学出版社, 2009.

[4] 卢涛. 应对突发事件能力 [M]. 北京: 人民出版社, 2005.

[5] 刘向信. 高校突发事件应急机制研究 [M]. 北京: 社会科学文献出版社, 2009.

[6] 宋志伟, 燕国瑞. 大学生安全教育 [M]. 北京: 科学出版社, 2008.

[7] 胡百精. 危机传播管理 [M]. 北京: 中国传媒大学出版社, 2005.

[8] 黄健荣. 公共管理新论 [M]. 北京: 科学出版社, 2005.

[9] 郭太生. 事故对策学 [M]. 北京: 中国人民公安大学出版社, 2002.

[10] 邱鸿钟, 梁瑞琼. 应激与心理危机干预 [M]. 广州: 暨南大学出版社, 2002.

[11] 张金学. 大学生安全教育 [M]. 长沙: 中南大学出版社, 2008.

[12] 朱瑞博. 危机管理案例 [M]. 北京: 人民出版社, 2010.

[13] 何海燕, 张晓. 危机管理概论 [M]. 北京: 首都经济贸易大学出版社, 2006.

[14] 漆小萍, 唐燕. 高校学生事务管理 [M]. 广州: 中山大学出版社, 2005.

[15] 畅铁民. 企业危机管理 [M]. 北京: 科学出版社, 2004.

[16] 朱德武. 危机管理: 面对突发事件的抉择 [M]. 广州: 广东经济出版社, 2002.

[17] 王卫红. 抑郁证、自杀与危机干预 [M]. 重庆：重庆出版社，2008.

[18] 黄频. 高校危机管理的现状及对策 [J]. 科技信息，2008（12）：146－147.

[19] 罗晴. 高校危机管理的现状及对策研究 [J]. 云南行政学院学报，2010（4）：159－160.

[20] 夏晓莉，李玉军，刘伟. 从心理危机干预谈对学生管理的思考 [J]. 安徽农业大学学报，2005（2）：76－78.

[21] 张丹丹. 大学生危机管理中思想政治教育对策研究 [D]. 大庆：东北石油大学，2018.

[22] 曾娜. 河源市中职学校危机事件管理问题与对策研究 [D]. 武汉：华中师范大学，2018.

[23] 黎明艳. 高校危机管理中大学生思想政治教育研究：以"5·12"汶川地震灾区四川高校为例 [D]. 雅安：四川农业大学，2010.

[24] 毛静燕. 学校危机管理的研究 [D]. 天津：天津大学，2013.

[25] 栗冉. 高校突发公共事件管理中思想政治教育的作用研究 [D]. 太原：中北大学，2016.

[26] 董文洁. 大学生危机管理中思想政治教育作用与途径研究 [D]. 大庆：东北石油大学，2013.

[27] 张晶. 高校公共危机管理中的学生思想政治教育研究 [D]. 成都：西南财经大学，2013.

[28] 王婷. 大学生校园危机事件管理研究：以仙林大学城为例 [D]. 南京：南京师范大学，2014.

[29] 张璇. 高校危机管理中思想政治教育研究 [D]. 太原：中北大学，2015.

[30] 王子伶. 高校突发公共事件中的思想政治教育研究 [D]. 贵阳：贵州师范大学，2014.